社会科教育の創造 新訂版
―基礎・理論・実践―

編著 宮崎 猛　吉田和義

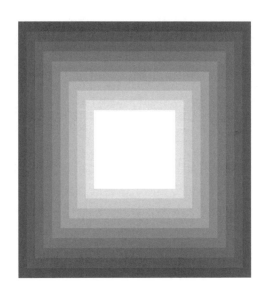

教育出版

はじめに

　本書は 2009 年に初版が刊行され，2017（平成 29）年に改訂された学習指導要領の趣旨や方向性をもとに，大幅にその内容を刷新したものである。

　本書のコンセプトは，社会科の授業を担当する際に直接かつ具体的に役立つ内容であることと，社会科教育に携わる際に考察すべき基本的な事項を確実に押さえることである。さらにそれらを基盤として，時代の要請，社会科の本質，変化する眼前の子供たちに柔軟に対応することができる力量の育成を目指した。現在社会科教育に携わっている教員，社会科教育にこれから携わろうと考えている学生向けに作成された。

　初版で示した本書の特徴を振り返ってみる。その一つは小学校と中学校の社会科を対象としたことである。小学校社会科では体験や問題解決的な学習指導が重視されることが多い。これに対して中学校では教科担任制のもと，知識の定着が重視されることが多い。同じ社会科であっても，小学校と中学校ではその指導法や教科の捉え方は大きく異なる。そこで小学校における社会科教育では，中学校以降の社会科教育を見通した上でその授業実践を行い，小学校で育成したことの質の保証をしていく必要がある。中学校においては，小学校での学習指導の実際を踏まえることはその継続性・発展性の観点から不可欠であることはいうまでもない。こうしたことの重要性に立脚し，小学校と中学校の社会科を一つの書にまとめることとした。

　今次 2017 年度の学習指導要領では高等学校をゴールとして，そこに向けて小学校・中学校の学習内容や目標が収斂されていくように設計されている。本書は，初版に引き続き，教科指導の方法が大きく変容する小学校と中学校のつなぎを重視し，小学校と中学校の社会科を一つの書としている。その意味では，学習指導要領が目指すべき方向性を先取りしてきたということもいえよう。小学校と中学校の学校間の「つなぎ」を意識しつつ，社会科教育の有り様を具体的な実践を通して考察いただきたい。

　前回の学習指導要領では「習得」「活用」「探究」が強調された。これらは従前より社会科教育で重視されてきたものであり，今次の学習指導要領において強調される問題解決能力育成においても基盤となる考え方である。社会科では社会の諸課題を探究する中で，現在の社会をよりよく生きる知識や技能，態度を習得し，民主主義に基づく社会の形成者として，社会を変革しゆく力量を身につけていく。こうした力を身に付けさせるためには，社会科を担当する教師自身が，自分の頭で物事を捉え，社会の諸課題を批判的に分析し，時に社会に提案していくような姿勢が求められる。そうした教師の姿を通して，子どもは社会科の本質を捉えていくものと考えている。現在の情報社会の中では，教師よりも子どもの知識が簡単に凌駕してしまう。教師が全部知っていなければならないという呪縛から解放され，子どもと共に問題解決を楽しんでいくという姿勢で社会科の醍醐味を体現していきたいものである。

　また，今次の学習指導要領の特徴は，目標及び内容を「知識及び技能」「思考力，判断力，

表現力等」「学びに向かう力，人間性等」の三つの柱に整理したことである。そして「何のために学ぶのか」という学習の意義を共有し，「何ができるか」を実際の社会での実践や活用を視野に入れて学習を進めることが求められている。新学習指導要領の趣旨に正対したとき，いよいよ社会科が本来目指してきた本質に迫ることができるようになったと言うことができる。社会科は，社会事象を多面的・多角的に認識し，自らの判断力をもって社会の中でよりよく生き，さらにはよりよい社会を構築していく力を身に付けることを目的として設置された。社会科の本質は社会科教育の底流に今なお流れているが，いつのまにか「暗記物」として捉えられ，それは学年や学校種が上がるに従って顕著になってきた。しかし，今次の学習指導要領では，社会に参加し，社会に役立て，貢献するための学びが問われているのである。

　学習指導要領ではこれまでも「自ら学ぶ意欲や関心・態度」「自己教育力」といった資質・能力の育成が重視されてきた。したがって，今次の学習指導要領で「学びに向かう力，人間性等」が強調されたからといって，それを声高に叫ぶだけでは絵空事で終わってしまうだろう。これまでのなぜそれが具現化できなかったのか，障壁は何であったのかといった原因を探ることが重要である。学校現場において「社会で何ができるか」の具現化は様々な制約から容易ではないが，今次の学習指導要領改訂はそれを進めるための追い風になることは間違いない。

　本書も初版同様，多くの学校現場や教員養成の場において大いに活用されることを期待している。

　最後に，引き続き刊行の機会を下さった教育出版ならびに企画から出版までの労をとっていただいた同社秦浩人氏に心より感謝申し上げたい。

2019年2月　　宮崎　猛

目　次

第1部　基礎編　学習指導要領の理解

第1章　社会科教育の歴史 ………………………………………… 2
第1節　アメリカにおける社会科の成立と展開 …………………… 2
第2節　日本における社会科の成立 …………………………………… 4
第3節　日本における社会科の展開 …………………………………… 6

第2章　学習指導要領の基本的方向性 ………………………… 16
第1節　小学校社会科の目標と内容 …………………………………… 18
第2節　中学校社会科の目標と内容 …………………………………… 25
第3節　授業づくりと留意点 …………………………………………… 33

第2部　理論編　授業づくりの方法

第1章　授業づくりの方法・技術と理論 ……………………… 36
第1節　授業づくりのプロセスと社会科の目標 …………………… 36
　1．授業の目的
　2．社会科の本質と目標
　3．授業づくりの要素とプロセス
第2節　社会科の学習過程 ……………………………………………… 43
　1．学習過程と指導過程
　2．問題解決学習と系統学習
　3．その他の学習過程
第3節　学習形態と指導技術 …………………………………………… 46
　1．学習形態
　2．指導技術

第2章　各分野の学習指導の展開 ……………………………… 52
第1節　社会科学習指導の基盤 ………………………………………… 52
　1．社会科の教科的特性と教師の専門性
　2．社会科の構造
　3．社会科学習の条件
　4．授業計画の前に

第2節　地理的内容の学習指導‥‥‥‥‥‥‥‥‥‥‥‥‥‥‥‥‥‥‥‥‥‥55
　　1．地理学習の基本構想
　　2．系統地理的な単元の学習
　　3．地誌的な単元の学習
　　4．授業の計画と展開
第3節　歴史的内容の学習指導‥‥‥‥‥‥‥‥‥‥‥‥‥‥‥‥‥‥‥‥‥‥58
　　1．歴史学習の基本構想
　　2．日本史の学習
　　3．歴史学習における「時代」の扱い
　　4．外国史・世界史の学習
　　5．文化史の学習
　　6．授業の計画と展開
第4節　公民的内容の学習指導‥‥‥‥‥‥‥‥‥‥‥‥‥‥‥‥‥‥‥‥‥‥62
　　1．公民学習の基本構想
　　2．現代の社会変化を捉える学習
　　3．政治の学習
　　4．経済の学習
　　5．国際社会の学習
　　6．授業の計画と展開

第3章　指導計画と学習指導案‥‥‥‥‥‥‥‥‥‥‥‥‥‥‥‥‥‥‥‥‥‥66
　第1節　年間指導計画‥‥‥‥‥‥‥‥‥‥‥‥‥‥‥‥‥‥‥‥‥‥‥‥‥‥66
　　1．指導計画の意義
　　2．指導計画の種類と構造
　　3．社会科の指導計画における小学校・中学校の相違
　　4．年間指導計画
　第2節　学習指導案の作成‥‥‥‥‥‥‥‥‥‥‥‥‥‥‥‥‥‥‥‥‥‥‥‥70
　　1．学習指導案の意義
　　2．学習指導案の構成
　　3．コンピュータによる学習指導案の作成
　　4．学習指導案の動作主
　　5．「具体的」に書くということ
　　6．付属文書の作成

v

第4章　評価の理論と方法 …………………………………………… 80

　第1節　評価の意義と種類 ………………………………………… 80

　　1．診断的評価

　　2．形成的評価

　　3．総括的評価

　第2節　学習指導要領と評価 ……………………………………… 82

　　1．評価の位置付け

　　2．指導と評価の一体化

　　3．評価規準の設定

　第3節　評価の方法 ………………………………………………… 85

　　1．テストによる評価

　　2．ポートフォリオによる評価

　　3．パフォーマンスによる評価

　第4節　評価の活用 ………………………………………………… 90

第3部　実践編　授業づくりの実際

　第1節　小学校　第3学年　単元名「わたしたちのまち」………………… 92

　第2節　小学校　第4学年　単元名「水はどこから」…………………… 98

　第3節　小学校　第5学年　単元名「水産業と私たちのくらし」……… 104

　第4節　小学校　第6学年　単元名「新しい時代の幕開け」…………… 110

　第5節　中学校　地理的分野　単元名「地域の未来を提案しよう」……… 116

　第6節　中学校　歴史的分野　単元名「恐慌から戦争へ」……………… 122

　第7節　中学校　公民的分野　単元名「C 私たちと政治

　　　　（2）民主政治と政治参加」…………………………………… 128

編著者・執筆者一覧

■ 編著者

宮崎　猛　　創価大学教職大学院教授

吉田　和義　創価大学教授

■ 執筆者(五十音順)

内田　稔　　東京都世田谷区立塚戸小学校主任教諭

小泉　博明　文京学院大学教授

古賀　毅　　千葉工業大学准教授

佐藤　克士　武蔵野大学専任講師

徳嵩　廣治　長野県大町市立八坂中学校教諭

西中　克之　東京都墨田区立隅田小学校主幹教諭

眞所　佳代　横浜市立横浜サイエンスフロンティア高等学校教諭

宮崎　猛　　創価大学教職大学院教授

宮本　靜子　宮城県名取市立増田中学校教諭

吉田　和義　創価大学教授

第**1**部

基礎編

学習指導要領の理解

第1章 社会科教育の歴史

第1節 アメリカにおける社会科の成立と展開

1．はじめに

　日本では社会科という教科は，第二次世界大戦後に，日本の民主化政策を推進する中で，初めて学校教育に登場した。その成立は，敗戦後の学校教育がアメリカの強い影響の下にあったため，アメリカの社会科(Social Studies)に基づいて構想されたものである。戦後になって最初に刊行された社会科の学習指導要領は，アメリカのヴァージニア州やミズリー州等のプランを参考としたものであった。日本の社会科教育を担う教師や，これから担う学生にとって，アメリカにおける社会科の歴史と現状を知ることは，社会科の本質を理解する上で重要な意義がある。

2．社会科の成立

　アメリカの教育において，社会科(Social Studies)という名称が公式に使用されたのは，1916年に全米教育協会(NEA, National Education Association)の中等教育再編委員会に設けられた社会科小委員会の報告書である。それ以前にも社会科的な内容が教えられていたが，1916年をもって，アメリカで社会科が産声をあげた年といえよう。この社会科小委員会は，1915年に「地域社会公民科の教育」，1916年に「中等教育における社会科」(The Social Studies in Secondary Educations)と題する報告書を発表した。これは，社会科の任務を社会的能率の増進と望ましい市民性(citizenship)の伸長を図るとともに，学習する児童・生徒の興味を喚起し，社会的能率に寄与するような内容が選ばれるべきものであるとした。

3．社会科の発展

　第一次世界大戦後，1920年代になるとカリキュラム改革の議論が盛んとなり，1921年には，全米社会科協議会(NCSS：National Council for the Social Studies)が結成された。その中心的な指導者であるラッグ(Rugg.H)は，社会科教育が産業・社会・政治の緊急の諸問題を適切に取り扱わず，社会科の授業が教師の発問に応えるだけで，行動がともなっていないなどと痛烈に批判した。1920年代の後半から30年代にかけて，社会科を中心とするカリキュラム改革が，州や郡や市のレベルで積極的に推進された。その中でもカリフォルニア州やヴァージニア州のプランが代表的なものであり，これが戦後になって，日本の初期社会科の参考となったのであった。

　ヴァージニア州のプランは，教科や科目の枠をこえ，融合カリキュラム的な形態をとっている。社会の諸機能と生徒の興味の中心の交わるところに問題単元を設定し，その問題解決の過程を通して，生徒に社会の諸問題と取り組んでいく市民的資質の育成を目標とした。こうした社会科は，州の独立性が高いアメリカでは全米で即時に実践されたものではなく，長い時間をかけて広がりを見せていくことになった。

4. 社会科の変革

　第二次世界大戦後，アメリカは，1957年に旧ソ連が人工衛星「スプートニク号」の打ち上げに成功したことに大きな衝撃を受け，教育水準の引き上げに向けて邁進することになった。1958年には「国防教育法」が制定され，莫大な資金が学校教育やカリキュラム研究に投じられた。こうした中で1959年に初等中等教育における自然科学教育の改善をテーマとした「ウッズホール会議」が開催され，その議長を務めたブルーナー（Bruner.J.S.・1915～2016）によって著された「教育の過程」（1960年）がその後の教育改革に大きな影響を与えることになった。1965年には「合衆国初等中等教育法」が成立し，従来の経験主義教育の批判に立ちながら，科学教育の振興を図ろうとする潮流が見られるようになった（「教育の現代化」）。社会科もこの影響を受け，「新社会科」（The New Social Studies）といわれるものが生み出されるようになった。「新社会科」として多くのカリキュラムやモデルが開発されたが，内容や方法の両面における社会諸科学の重視という特徴が見られた。学問からの要請に基づき，例えば「歴史を学習するには，歴史学者と同じように思考する」ことが求められたのである。

　しかし，60年代後半からアメリカは対外的にはベトナム戦争の敗北やドル安などで国家の威信を喪失し，国内においては大学紛争や人種差別問題などに揺れ，「病めるアメリカ」と謳われた時代となった。学校教育に対してもカリキュラムの改造で，多くの「脱落者」を生み，失敗ではなかったかという批判も聞かれるようになった。70年代後半になると多文化教育の必要性や新社会科への批判（揺り戻し）などによって，学校の人間化などが主張され，人間中心の社会科が求められるようになった。

　80年代になると，経済的な危機意識を背景としてアメリカの教育水準の低下に警告を発した「危機に立つ国家（A Nation at Risk）」（1983年）が公表され，90年代に至るまで国家的な課題として，学校の教育力の再生という教育改革が図られた。これを受けて政府によって主要9教科のナショナル・スタンダードの開発も行われたが，社会科系の教科については歴史，地理，公民・政治，経済の4教科として開発されたため，全米社会科協議会は，社会諸科学を包括する社会科としての独自のナショナル・スタンダードの開発を行った。アメリカの学校制度は，州や州のもとにある郡ごとに，カリキュラムを含めた教育が運営されている。現在の社会科は，その多くが初等教育では総合的な社会科が展開され，発達段階に即して歴史や地理といった諸学問の系統に分化していくカリキュラムがとられている。多種多様な民族が混在しているアメリカにおいて，「よい市民をいかに育てるか」という課題は，アメリカの社会科教育にとって，常に大きな課題である。それぞれの人種や民族のもっている固有の文化を，相互に尊重しあい，その上にアメリカ市民をどのように統合するかという課題である。敷衍するならば，現代のグローバルな時代において，社会科教育の果たすべき役割は大きく，その意味でアメリカでの社会科教育の歴史をとらえることは，大きな意義がある。

第2節　日本における社会科の成立

1．戦前の地理教育，歴史教育

　明治時代になって，近代教育の発足以来，社会科の前史ともいうべき，地理教育，歴史教育が展開されていた。明治40（1907）年に，小学校令が改正され義務教育が6年間になると，地理教育は，尋常小学校5，6年で教科「地理」によって，歴史教育は，小学校5年からの必修科目として「日本歴史」で行われるようになった。『尋常小学日本歴史』では，人物を中心に神話や歴代天皇の業績が取り上げられた。また，小学校では，郷土教育や生活綴方教育の中で社会科的な教材が取り扱われる例も見られた。文部省による郷土教育とは，郷土の社会に教材を求め，児童や生徒の郷土愛を育み，それを国家に対する愛情へと敷衍させるものであった。したがって，郷土の社会における現実の問題点を掘り起こすようなものではなかった。

　綴方教育は，ただ単に文章表現という国語教育にとどまるものではなく，自分の目で周囲の生活を見つめ，社会の問題を考え，生活主体者としての自覚を目標とする生活綴方教育へと発展していった。とくに東北地方の教師による「北方教育」の活動は，農家の子どもたちに，自分の目で周囲の生活を見つめさせ，生活の問題，社会の問題を考えさせ，生活主体者の自覚を育てることを目標とするものであった。しかし，戦時下になると危険視され，弾圧された。さらに，昭和16（1941）年になると，国民学校令により，小学校が国民学校に改称され，国民科という教科が設置された。中学校には昭和18（1943）年に**国民科**が設置された。国民科とは，地理，歴史，修身などを統合した科目で，その目的は「皇国民の錬成」にあった。

2．戦前の公民教育

　大正デモクラシーを背景として公民教育が設立した。小学校教育の補習と職業教育の振興を目的に実業補習学校が設立されたが，大正9（1920）年になり，その規程を改正し，職業教育だけではなく，公民教育にも重点を置くようになった。大正11（1922）年には公民教育調査委員会が設置され，大正13（1924）年には，「実業補習学校公民科教授要綱 並^{ならびに} 其^そノ教授要旨」が定められ，これは農村用と都市用に分けて作成された。このように，公民教育は実社会に適応する教育の必要性から生まれたものであり，当時の普通選挙運動への要求とも呼応するものであった。そして，昭和6（1931）年になると，中学校・師範学校・高等女学校においても公民科が必須科目として置かれるようになった。

　公民科設立の当初は，大正デモクラシーの時代潮流の中で，「市民」という概念で公民をとらえる思潮もあったが，昭和6年の満州事変に始まる15年戦争へ傾斜すると，公民教育は，まさに皇民教育へと変化し皇民を錬成する教科となっていったのである。

「地理」「歴史」「修身」→「国民科」（戦前）→ 社会科（戦後）
「郷土教育」「生活綴方教育」
実業補習学校（職業教育と公民教育）→皇民教育へ

3. 社会科の成立

　昭和20(1945)年8月，日本はポツダム宣言を受諾し，連合国に占領された。日本は，アメリカ軍による事実上の単独占領となり，マッカーサーを最高司令官とするGHQ(連合国軍最高司令官総司令部)の指令や勧告に基づいて，日本政府が政治を行う間接統治が行われた。戦後の民主化の中で，教育制度の自由主義的改革も重要な項目であり，GHQは，昭和20年10月には，戦前の教科書の不適当な記述を削除することや軍国主義的な教員の追放を指示した。また，「修身」「日本歴史」「地理」の授業が禁止された。さらに，昭和21(1946)年3月にアメリカ教育使節団が教育の目的や制度，内容などの改善の方向性についての報告書を作成し，戦後日本の教育改革に大きな影響を与えた。昭和22(1947)年には，教育の機会均等や男女共学の原則を掲げた教育基本法が制定され，義務教育が6年から9年へと変わった。同時に，学校教育法も制定され，六三三四制が確立することになった。翌年には，公選による教育委員会が設置され，教育の地方分権化が進められた。

　このような教育の民主化の中で，社会科が産声を上げたのであった。昭和22年3月に『学習指導要領一般編』(試案)が完成し，続いて5月に『学習指導要領社会科編Ⅰ』(小学校)，7月に『同Ⅱ』(中学校)(高等学校は概要)が完成し，9月から社会科の授業が始まった。この学習指導要領は「コース・オブ・スタディ」(Course of Study)と呼ばれ，「試案」とされ，「教師自身が自分で研究していく手引き」であり，戦前の教授項目や教師用書のような絶対的な権威を有するものではなかった。学習指導要領には社会科の性格について「今度新しく設けられた社会科の任務は，青少年に社会生活を理解させ，その進展に力を致す態度や能力を養成することである。(略)社会的経験を今までよりも，もっと豊かにもっと深いものに発展させていこうとすることがたいせつなのである」とある。

　社会科の内容としては，第1学年(小1)から第10学年(高1)まで通して，総合的な内容の社会科(一般社会)が置かれ，第8学年(中2)と第9学年には一般社会と並行して国史が，そして第11学年(高2)と第12学年(高3)には選択科目(4科目中1科目必修)として，「東洋史」「西洋史」「人文地理」「時事問題」が設定された。

　初期社会科といわれる戦後初期の社会科は学問体系によらずに，青少年の現実生活の問題を中心として問題単元を設け，青少年の社会的経験を広め，深めることを目指すもので，子どもの経験領域を横軸とすれば，社会生活の主要な機能を縦軸とし，両者を組み合わせた問題単元を設定していた。

　問題単元の構成は，アメリカのヴァージニア州のプランが参考とされた。日本の社会科は1930年代のアメリカの社会科教育に影響を受けたものであり，学習指導要領も翻訳調の強いものであった。学習指導においては，子どもの自主性，自発性を重んじ，地域を中心とした問題解決学習を行う構想が示されていた。しかし，敗戦後の教育環境の中で，問題解決学習に見られる経験主義の社会科の授業を実践することは，多くの困難をともなうものであった。

第3節　日本における社会科の展開

1. 社会科第1次改訂（1951年）

　　昭和26（1951）年に文部省は学習指導要領の改訂を行い，『学習指導要領一般編（試案）』を公表した。社会科も改訂され，『小学校学習指導要領社会科編（試案）』や『中学校・高等学校学習指導要領社会科編Ⅰ　中等社会科とその指導法（試案）』『同社会科編Ⅱ（試案）』『同社会科編Ⅲ（試案）』が公表された。

　　本改訂では，中学校1年から高等学校1年までが履修する「一般社会」や「中学校日本史」，高等学校2年と3年で選択履修する「日本史」「世界史」「人文地理」「時事問題」が設定された。「西洋史」「東洋史」が統合され「世界史」となったのである。また，中学校2年と3年で履修していた「国史」が「日本史」となり，この改訂で社会科の中に組み込まれることになった。

　　小学校の社会科では五つの目標とともに，「豊かで重厚な人間性を育てる」「統一のある生活態度を形成する」「清新で明るい社会生活を営む態度を養う」「創造的な問題解決に必要な力を養う」という四つの観点を示した。

　　社会科の中の「一般社会」の学習内容は，学年ごとに主題が設けられ，中学校1年では「われわれの生活圏」，2年では「近代産業時代の生活」，3年では「民主的生活の発展」，そして高校1年では「われわれの社会生活の基本的諸問題」という主題が設定された。

　　社会科の性格を考えるには，社会科学との関係について考えることが最も近道であるとし，学習指導要領では次のようにいう。「社会科学とは，歴史学・人文地理学・政治学……などのように，人間関係について，それぞれの立場から系統立てて深く研究されている科学の総称である。……社会科もまた，人間関係をそのおもな学習内容とする教科である。……社会科学は元来，成人のものであり，どこまでも科学として研究されている。……社会科学と社会科の最も大きな違いは，一方は純然たる科学であり，一方は学校教育における一つの教科である点である。そして社会科はおもに社会科学の取り扱う分野について，これを学問的立場からではなく，現代の学校教育という立場から，一つの教科として組織されたものである」。これは，コア・カリキュラムのような教科の区別をなくし，あらゆる分野から必要な学習内容を獲得するものは，社会科という教科ではないとする見解といえる。

　　また，道徳科は特設されず，道徳教育は学校教育全体の中で行われるとされたが，学習指導要領の「社会科と道徳教育」という項目で，「他教科に比べて大きな責任を負わなければならない。」とし，社会科における道徳教育の観点を明らかにした。

・「一般社会」（中1～高1）
・「日本史」「世界史」「人文地理」「時事問題」（高2・3）
・社会科と社会科学との関係　　社会科と道徳教育との関係がポイント

2. 社会科第2次改訂（1955年）

　昭和30（1955）年に，文部省は「小学校学習指導要領社会科編」「中学校学習指導要領社会科編」を，翌昭和31（1956）年には「高等学校学習指導要領社会科編」の改訂版を公表した。これ以降，「試案」という語句は削除された。これは，学習指導要領が教員の手引書という性格から，より基準性の高いものへと変容したということである。また，小・中学校の第2次改訂は，全教科ではなく，社会科だけの改訂という例外であった。このことは，戦後に誕生した社会科が，その内容の転換を余儀なくされたことを意味する。その背景には池田・ロバートソンの会談（昭和28年10月に行われた自民党政調会長池田勇人とアメリカ国務次官補ロバートソンとの会談）によって，日本の防衛力増強や愛国心教育の推進が約束されたことに見られるような外交・内政の変化を背景とした愛国心の涵養と道徳教育への要請があげられる。本改訂に先立ち，昭和28（1953）年8月の教育課程審議会の答申では，「社会科は，わが国の民主主義の育成に対して，重要な教育的役割をになうものであり，その基本的ねらいは正しいのであるから，今後もこれを育てていきたい」としながらも，「しかし，その学習が，どこの学校でも効果をあげるためには，現在の学習指導要領を改訂し，指導計画に思い切った改善を加え，（略）指導法の誤りを正して，社会科教育を着実なものにすることが必要である。」とした。すぐに，この答申の趣旨に則り文部省は「社会科の改善についての方策」を発表した。これに対し，社会科の問題解決学習の精神が喪失するということで，激しい反対意見があったが，改訂は行われた。

　本改訂で小学校社会科においては，改訂の要点として，「小・中学校の一貫性をはかるように留意したこと」「道徳的指導，あるいは地理，歴史，政治，経済，社会等の分野についての学習が各学年を通じて系統的に，またその学年の発達段階に即して行われるように，各学年に基本目標とこれを裏づける具体目標とを設定し，在来の学年目標をいちだんと具体化するようにつとめたこと」「学年の主題，学習の領域案に新たなくふうを加えたこと」「第6学年の修了までには，中学校における地誌的学習の基礎やわが国の各時代の様子の理解が従来以上に児童に身につくように配慮したこと」があげられる。このように，高学年に地理・歴史の系統学習を設置した。また，学年の主題は，1年「学校や家庭の生活」，2年「近所の生活」，3年「町や村の生活」，4年「郷土の生活」，5年「産業の発達と人々の生活—日本を中心として」，6年「日本と世界」である。

　中学校社会科においては，単元組織による総合的な学習から，「地理的分野」「歴史的分野」「政治・経済・社会的分野」という三つの系統的な学習へ転換した。日本史も社会科の中に組み込まれ，社会科の指導計画を一本化した。また，「政治・経済・社会的分野」の内容項目に「生活態度と人生」という，道徳倫理の単元を設置した。

　高等学校社会科では，「日本史」「世界史」「人文地理」に，これまでの「一般社会」と「時事問題」が統合されて「社会」が加わり4科目となった。「社会」を必履修として，全体で2科目を必履修とした。この「社会」には，倫理の領域が加えられるようになった。

3. 社会科第3次改訂（1958年）

　昭和30年と31年に社会科のみが改訂されたが，昭和33（1958）年に，「小学校学習指導要領」「中学校学習指導要領」を，昭和35（1960）年には「高等学校学習指導要領」の改訂を告示した。この改訂の大きな特徴は，学習指導要領が教員の「手引き」ではなく，法的拘束力があるという解釈を打ち出し，教育課程の国家基準として「告示」されるようになったことである。教育課程の編成は，教科・特別教育活動・道徳・学校行事の4領域となった。また，「道徳の時間」が特設されたことも大きな特徴であるが，道徳教育が学校教育の全体にわたって行われるべきであるとする点では変更がない。この改訂により，小学校段階では，経験主義的な社会科が残されたものの，初期に見られたような児童・生徒の生活体験を重視し，総合的に学習するという社会科の性格は変容し，系統的学習へと移行するものとなった。背景には日本が戦後の復興の段階を終え，経済成長の段階に入ったことがあげられる。

　小学校社会科の目標には，その第一に「具体的な社会生活の経験を通じて，自他の人格の尊重が民主的な社会生活の基本であることを理解させ，自主的，自律的な生活態度を養う」ことがあげられ，経験に基づく学習の重要性を指摘するとともに，「社会科が民主主義の育成に対して重要な教育的役割をになう教科である」ことを確認した。一方で社会科は「児童の道徳的判断力の基礎を養い，望ましい態度や心情の裏づけをしていくという役割」を担っているとして，道徳の関連性を強調した。

　中学校社会科の改訂の内容の基本方針は，「生徒の発達段階を考慮して，社会科を地理的分野，歴史的分野，政治・経済・社会的分野の三つに分けて学習すること」「内容の学年配当を明らかにし，第1学年では地理的分野，第2学年では歴史的分野，第3学年では政治・経済・社会的分野を学習し，学習の系統性をもたせること」「義務教育の一貫性を考慮し，小学校社会科との関連を密にし，内容を精選し，無駄な重複を省くこと」「従来の社会科の基本的な考え方を継承するとともに，これを深めて，世界におけるわが国の立場を正しく理解させ，国土に対する愛情を深め，国民としての自覚を高めることに留意すること」「道徳の時間の指導と関連に留意して，道徳教育の進展に資するようにすること」の五つがあげられた。

　高等学校社会科は，科目の編成が改められ，科目の分化が推進された。「社会」が「倫理・社会」と「政治・経済」の2科目に分かれ，「人文地理」は「地理A」「地理B」に，「世界史」は「世界史A」「世界史B」に分かれ，Aは3単位，Bは4単位となった。これに「日本史」が加わり，合計7科目で構成されるようになった。科目履修は，教養を高めるために「倫理・社会」と「政治・経済」を含め，普通科高校では5科目，職業科高校では4科目を履修することとなった。とくに新設された「倫理・社会」は，小・中学校の「道徳の時間」に対応する科目であり，道徳教育を一層充実させるために設けられたものである。

第1部　基礎編　学習指導要領の理解

4. 社会科第4次改訂（1968年）

改訂から10年を経過した，昭和43（1968）年に「小学校学習指導要領」が，翌年に「中学校学習指導要領」が告示された。また，昭和45年に「高等学校学習指導要領」が告示された。教育課程の編成を，教科，道徳と学校行事と特別教育活動をまとめた特別活動の3領域とした。

当時の社会状況は，日本の高度経済成長がめざましく，アメリカに次ぐ世界第2位の経済大国にまでなり，国民生活は向上し，豊かになっていた。また，教育・文化も国民に普及し，高等学校への進学者も急増した。こうしたことを背景に学習指導要領においても授業時数が拡大され，数学・理科を中心に各教科とも内容の高度化や系統的な知識を教え込む学習が軸になった。一方で科学技術が進歩し，経済が発展したが，公害の発生という負の側面も露呈した。文部省は公害対策基本法が改正されると，公害の防止の思想を高めるために，公害を防止する学習の必要性から昭和46（1971）年に学習指導要領の一部改訂を行った。この頃より受験競争が一般化し，点数化しやすく「受験勉強」に向く系統的な知識学習への傾斜がいっそう強まることになった。

小学校ではその目標に「社会生活についての正しい理解を深め，民主的な国家，社会の成員として必要な公民的資質の基礎を養う」を掲げ，「公民的資質」を最終目標として示した。また，内容構成としては，家庭 → 地域 → 市町村 → 県 → 国と学習対象が広がる同心円的拡大方式がとられ，これまで用いられていた「郷土」という言葉が「地域」という言葉へと変更された。

中学校では，「さまざまな情報に対処し，確実な資料に基づいて公平に判断しようとする態度とそれに必要な能力の基礎を培う」という能力育成を重視した目標が設けられ，その後に各分野の目標を明示した。また「政治・経済・社会的分野」を改めて「公民的分野」を新設した。また，従来は第1学年では地理的分野，第2学年では歴史的分野，第3学年では政治・経済・社会的分野を学習するザブトン型が原則となっていたが，「地理的分野および歴史的分野の基礎の上に公民的分野の学習を展開する」という構造に改められた。すなわち，第1学年と第2学年を通じて，「地理的分野」と「歴史的分野」を並行して学習し，第3学年で「歴史的分野」および「公民的分野」を学習する「変形のπ型」を原則とした。

高等学校は，7科目の構成から「世界史A」「世界史B」が「世界史」となり，「倫理・社会」「政治・経済」「日本史」「地理A」「地理B」と合わせて6科目となった。また，どちらも系統的な学習であった「地理A」「地理B」が，系統的な内容の「地理A」と世界地誌を中心とした「地理B」になった。この改訂で，「倫理・社会」「政治・経済」と「日本史」「世界史」および「地理A」もしくは「地理B」のうちから2科目，という合計4科目が必履修となった。履修の配当学年は「世界史」「地理A」「地理B」は第1学年または第2学年，「倫理・社会」「政治・経済」「日本史」は第2学年または第3学年において履修することが望ましいとされた。

9

5. 社会科第5次改訂（1977年）

　昭和52（1977）年に「小学校学習指導要領」と「中学校学習指導要領」が告示され，昭和53年には「高等学校学習指導要領」が告示され，実施された。

　この改訂は，昭和51年の教育課程審議会の「小学校・中学校及び高等学校の教育課程の基準の改善について（答申）」に基づくものである。基本方針は「人間性豊かな児童生徒を育てること」「ゆとりのあるしかも充実した学校生活が送れるようにすること」「国民として必要とされる基礎的・基本的な内容を重視するとともに，児童生徒の個性や能力に応じた教育が行われるようにすること」の三つの項目である。高校への進学率が高まる中で，小・中・高の教育内容における一貫性が検討され，特徴としては内容を精選し，「ゆとり」のある充実した学校生活を送ることができるようにしていることである。そこで，これまでの学習指導要領の内容および授業時間が削減されることになった。また，君が代が国歌とされ，「国旗を掲揚し，国歌を斉唱することが望ましい」とされた。

　社会科については「小学校・中学校及び高等学校を通じて，社会生活の意義を広い視野から考える能力や，国家・社会の一員としての自覚をもちその発展に寄与する態度などの基礎を培うことに留意して，内容を精選する。その際，人権尊重の立場を基本とし，環境や資源の重要性についての正しい認識を育てること，国際理解を深めることなどについても，それぞれの学校段階の特質を配慮して改善を行う。」と示している。また，小・中・高の一貫性を通じて社会科における教科目標が「公民的資質を養う」という言葉に集約されるようになった。第4次改訂では，小学校社会科の目標の中で用いられたのであるが，第5次改訂では小・中・高の共通の目標として用いられるようになったのである。

　中学校社会科は，「地理的分野」「歴史的分野」「公民的分野」の3分野で構成され，第1学年と第2学年で，地理と歴史の並行学習を行い，第3学年で公民的分野を学習する「純粋なπ型」を原則とした。

　高等学校社会科では，共通の必修科目として「現代社会」（標準単位数4）を新設し，原則として第1学年で履修することになった。その後に，選択履修として「日本史」「世界史」「地理」「倫理」「政治・経済」の5科目の選択科目が設けられた。従来の「倫理・社会」は「倫理」と科目名が変わった。とくに「現代社会」は，小学校から高等学校第1学年までの社会科教育に，内容的にも一貫性をもたせるように配慮され，小・中・高を通して内容を完成させるという精選の方針が図られた。小学校第6学年で学習した世界地理の内容を，中学校の「地理的分野」に委ね，中学校の「歴史的分野」の中の世界史的な内容を大幅に削減し，高校の「世界史」に委ねるなどのことが実施された。

・「公民的資質を養う」（小・中・高の社会科の教科目標）
・中学社会　変形π型　→　純粋π型
・高校社会科　→「現代社会」の新設

6. 社会科第6次改訂 (1989年)

　平成元(1989)年に「小学校学習指導要領」「中学校学習指導要領」「高等学校学習指導要領」が告示され，実施された。幼稚園から高等学校まで，一括して学習指導要領が改訂されたのは初めてのことである。

　この改訂に強い影響を与えたのは，中曽根康弘首相(当時)のもとに設置された臨時教育審議会である。この審議会は昭和62(1987)年に最終答申を出し，個性重視や国際化や情報化への対応を求めた。その理由として産業構造の変化や価値観の変化など社会の急激な変化があげられ，学歴偏重の社会的風潮や受験競争の過熱化，青少年の問題行動，学校教育の画一性，硬直性など様々な問題も指摘された。この答申を具体化した教育課程審議会答申では，教育課程改善のねらいが「豊かな心をもち，たくましく生きる人間の育成をはかること」「自ら学ぶ意欲と社会の変化に主体的に対応できる能力の育成を重視すること」「国民として必要とされる基礎的・基本的な内容を重視し，個性を生かす教育の充実を図ること」「国際理解を深め，我が国の文化と伝統を尊重する態度の育成を重視すること」の四つの項目にあるとした。また，君が代・日の丸を国歌・国旗とみなし，従来の「望ましい」から「指導するものとする」に変更し，義務づけが強められた。

　小学校社会科では，低学年において社会と理科を統合した「生活科」が新設されたことにより，社会科は第3学年から履修され，「生活科との関連や国際化，産業構造の変化など社会の変化を考慮して内容の改善を図る」とされた。

　中学校社会科では，「国際化，情報化などの社会の変化を考慮して，内容の改善を図るとともに，生徒の特性等に応じ主体的な学習ができるように配慮する」と示され，そのために課題学習や選択社会が導入された。

　高等学校社会科では，「生徒の発達段階や科目の専門性を考慮し，また国際社会に生きる日本人としての必要な資質を養うことを重視する観点等から，中学校の社会科における学習との関連を考慮して発展充実を図るため，社会科を再編成して地歴科及び公民科の二つの教科を設ける」と示された。ここに，高等学校については社会科を廃止して，新たに「地理歴史」「公民」という教科を設けたのであった。このことは，「社会科の再編成である」という肯定論だけではなく，「社会科の解体である」という反対論との間で大きな議論となった。また，国際化への対応という理由から地理歴史科の中の科目である世界史が必修化された。

・小学校1・2年　→　社会と理科を統合した「生活科」
・高校社会科　→　「地歴科」「公民科」
　＝「社会科の再編成」か，それとも「社会科の解体」か

7. 社会科第7次改訂（1998年）

　平成10（1998）年の学習指導要領の改訂では，学校週5日制を完全実施し，ゆとりの中で特色ある教育を打ち出す，「ゆとり教育」が推進された。その結果，授業時数を週あたり2単位削減し，小・中学校の教育内容を3割程度減らすことになった。このことは，学習内容を精選することにより，学習内容を基礎・基本の内容に絞り，子どもがゆとりをもって，体験的な活動や問題解決的な学習に取り組むことができることもねらいとしている。また，基本理念として「生きる力」を掲げた。「生きる力」について中央教育審議会答申（平成6年）では「他人と協調しつつ自律的に社会生活を送っていくために必要となる，人間としての実践的な力」であり，「理性的な判断力や合理的な精神だけでなく，美しいものや自然に感動する心といった柔らかな感性を含むものである」と説明した。この「生きる力」育成の中核的な担い手として「総合的な学習の時間」を創設した。

　教育課程の基準の改善方針としては「豊かな人間性や社会性，国際社会に生きる日本人を育てる」「自ら学び，自ら考える力を育てる」「基礎・基本の確実な定着を図り，個性を生かす」「創意工夫を生かした特色ある学校をつくる」という四つのねらいを掲げた。

　小学校社会科の目標は「社会生活についての理解を図り，我が国の国土と歴史に対する理解と愛情を育て，国際社会に生きる民主的，平和的な国家・社会の形成者として必要な公民的資質の基礎を養う」とあるように，国際化の時代を踏まえ，日本人として主体的に生きていくために，社会生活の現状を理解し，日本国民としての自覚をもち，わが国の発展に尽くす態度や能力を育てることにある。

　中学校社会科の目標は「広い視野に立って，社会に対する関心を高め，諸資料に基づいて多面的・多角的に考察し，我が国の国土と歴史に対する理解と愛情を深め，公民としての基礎的教養を培い，国際社会に生きる民主的，平和的な国家・社会の形成者として必要な公民的資質の基礎を養う」とある。そして，知識の詰め込みにならないように，地理的・歴史的・公民的分野の特質に応じた内容の精選が図られた。また，生きる力を育む観点から，学び方を学ぶ学習を重視するようになった。さらに，国際化の進展という社会の変化に対応する観点から，各分野の特質を生かした内容となった。

　高等学校公民科では，「現代社会」が4単位から2単位へと削減され，「現代社会」2単位か，「倫理」2単位，「政治・経済」2単位を併せて4単位かの必修となった。このため，多くの高校では「現代社会」の履修となり，「倫理」の授業が激減するという状況ともなった。

　社会科と「総合的な学習の時間」との関わりについては，学習指導要領に「総合的な学習の時間」の学習活動の例示として「例えば国際理解，情報，環境，福祉・健康などの横断的・総合的な課題，児童の興味・関心に基づく課題，地域や学校の特色に応じた課題などについて，学校の実態に応じた学習活動を行うものとする」と示されたため，社会科学習の発展として取り扱うことも可能となった。

　〔参考文献〕奥田真丈監修『教科教育百年史』建帛社 1985年

8. 社会科第8次改訂(2008年)

　平成20 (2008)年の学習指導要領の基本的なねらいは,「教育基本法改正等で明確となった教育の理念を踏まえ『生きる力』を育成すること」「知識・技能の習得と思考力・判断力・表現力等の育成のバランスを重視すること」「道徳教育や体育等の充実により,豊かな心と健やかな体を育成すること」の3項目である。

　まず第8次改訂に先立ち,「教育基本法」が60年ぶりに改正されたことを踏まえておかなければならない。それを受けて「学校教育法」の一部も改正され,同法の第30条2項において「生涯にわたり,学習する基盤が培われるよう,基礎的な知識及び技能を習得させるとともに,これらを活用して課題を解決するために必要な思考力,判断力,表現力その他の能力をはぐくみ,主体的に学習に取り組む態度を養うことに,とくに意を用いなければならない」と規定された。そして,「教育基本法」及び「学校教育法」に規定されている「公共の精神に基づき,主体的に社会の形成に参画し,その発展に寄与する態度を養うこと」は,社会科の学習において究極の目標であり,公民的資質の基礎の育成と密接に関わるものである。さらに「伝統と文化を尊重」することや,「宗教に関する一般的な教養は,教育上尊重されなければならない旨」も示されている。

　また,学習活動の基盤をなすのは言語能力であり,その育成のために言語活動の充実を図るべきであるとする。まさに,第8次改訂の要である「言語能力の育成」を目指した学習が求められた。社会科の学習では,様々な資料を適切に収集し,活用して事象を多面的・多角的に考察し公正に判断するとともに,適切に表現する能力と態度を育てることを,地理,歴史,公民の分野共通の目標としている。中教審の答申において,例えば,社会見学のレポートでは「視点を明確にして,見学した事象の差異点や共通点を捉えて記録・報告する」とある。

　戦後直後は子どもの生活体験が重視(プログレッシヴィズム)されたが,昭和30年頃から系統化(エッセンシャリズム)に転じ,昭和50年代になると再び生活体験が重視されるようになった。この流れは,第7次改訂において「総合的な学習の時間」が創設され,総まとめといえるような状況となった。第8次改訂においても生活体験が重視され,系統化の懸念や批判を払拭し,社会科においても,目標や内容において,この流れや考え方を反映した。第7次改訂で「調べたことを考えさせる」(小学校)ことが示されたが,第8次改訂では「調べたことや考えたことを表現する力を育てるようにする」と示され,思考力や表現力の育成を強化し,問題解決的な学習を維持・発展することを求めるものとなっている。また「指導計画の作成と内容の取扱い」においては「我が国の都道府県の名称と位置を身に付けることができるように工夫して指導すること」が追加された。これは基礎的・基本的な知識・技能の定着を求めたものであり,第7次改訂の批判への対応であり,補強であると捉えられる。なお,高等学校公民科の科目の枠組みは変化がなく,多くの高校では「現代社会」(2単位)の履修となった。

　〔参考文献〕宮崎猛『－新学習指導要領と社会科教育－』『創大教育研究18号』創価大学教育学会 2009年

9. 社会科第9次改訂（2017年）

2017（平成29）年3月に，小学校学習指導要領，中学校学習指導要領が改訂され，小学校は2020年に，中学校2021年に全面的に実施する。また，2018（平成30）年には高等学校指導要領が改訂され，2022年から順次実施することとなる。

小・中学校学習指導要領改訂の基本方針は「子供たちが未来社会を切り拓くための資質・能力を一層確実に育成」すること，「知識の理解の質をさらに高め，確かな学力を育成」することにある。そして，知識の理解の質を高め資質・能力を育むために「主体的・対話的で深い学び」の実現に向けた授業改善（アクティブ・ラーニングの視点に立った授業改善）を推進している。要するに「何のために学ぶのか」という学習の意義を共有しながら，「何ができるようになるか」を明確化することである。また，目標及び内容を「知識及び技能」「思考力，判断力，表現力等」「学びに向かう力，人間性等」の三つの柱で再整理した。さらに，各学校において教育課程に基づき組織的かつ計画的に教育活動の質の向上を図るためのカリキュラム・マネジメントに努めることである。

なお社会科，地理歴史科，公民科を通じて「公民としての資質・能力」の育成を目指し，小・中学校においては公民としての資質・能力の基礎を育成することを求めている。

小学校社会科においては，「社会的事象を，位置や空間的な広がり，時期や時間の経過，事象や人々の相互関係などに着目して捉え，比較・分類したり総合したり，地域の人々や国民の生活と関連付けたりすること」を「社会的事象の見方・考え方」として整理した。中学校への接続・発展を視野に入れるとともに，現代の諸課題を踏まえる観点から，我が国や地方公共団体の仕組みや働き，世界の国々との関わりに関心を高めることや，持続可能な社会づくりの観点から，人口減少や地域の活性化，国土や防災安全に関する内容の充実を図ることが求められている。

中学校社会科の基本的な考え方は，基礎的・基本的な「知識及び技能」の確実な習得，「社会的な見方・考え方」を働かせた「思考力，判断力，表現力等」の育成，「主権者として，持続可能な社会づくりに向かう社会参画意識の涵養やよりよい社会の実現を視野に課題を主体的に解決しようとする態度」の育成の三つである。ここでは，身近な地域社会から地球規模に至るまでの課題の解決の手掛かりを得ることが期待され，そのような理念に立つ持続可能な開発のための教育（ESD）や主権者教育などが，社会科の学習において重要な位置を占めている。

高等学校においても，討論や発表を通じた「主体的・対話的で深い学び」（アクティブ・ラーニングの視点）による授業改善を進めることとなった。地理歴史科では，「地理総合」「歴史総合」が必修科目となった。「歴史総合」は，18世紀以降の世界と日本の動向を関連付けて学ぶ。「地理探究」「日本史探究」「世界史探究」は選択科目となる。また，公民科は「現代社会」に替わり「公共」という科目が設置され必修となった。主権者教育の充実を図り，日本の安全保障や国家主権など現代社会の課題を多角的に考察し，解決する力を育成する。「倫理」「政治・経済」は選択科目となった。

（小泉博明）

第1部　基礎編　学習指導要領の理解

第2章 学習指導要領の基本的方向性

はじめに

平成28年12月に中央教育審議会答申「幼稚園，小学校，中学校，高等学校及び特別支援学校の学習指導要領などの改善及び必要な方策等について」（以下，中教審答申）の中で，これからの学校教育を通じて育てたい姿として，次のような点が示された。

○社会的・職業的に自立した人間として，我が国や郷土が育んできた伝統や文化に立脚した広い視野を持ち，理想を実現しようとする高い志や意欲を持って，主体的に学びに向かい，必要な情報を判断し，自ら知識を深めて個性や能力を伸ばし，人生を切り拓いていくことができること。

○対話や議論を通じて，自分の考えを根拠とともに伝えるとともに，他者の考えを理解し，自分の考えを広げ深めたり，集団としての考えを発展させたり，他者への思いやりを持って多様な人々と協働したりしていくことができること。

○変化の激しい社会の中でも，感性を豊かに働かせながら，よりよい人生や社会の在り方を考え，試行錯誤しながら問題を発見・解決し，新たな価値を創造していくとともに，新たな問題の発見・解決につなげていくことができること。

（第3章「生きる力」の理念の具体化と教育課程の課題
1．学校教育を通じて育てたい姿と「生きる力」の理念の具体化より）

このような姿を具現化するために，2017年度版学習指導要領の改訂（以下，学習指導要領）では，これまでのコンテンツ・ベースからコンピテンシー・ベース，「知識・理解」重視から「資質・能力」重視へという基本的方向性が示された。このような転換が強調されている背景には，現代社会が生産年齢人口の減少やグローバル化の進展，絶え間ない技術革新などにより，社会構造や雇用環境が大きく，また急速に変化しており，予測が困難な時代になってきていることがあげられる。こうした複雑で予測困難な時代に対応していくためには，既存の「知識・理解」を身に付けることを重視する学習だけでは生き抜いていくことができない。「新しい価値」を自分自身で創造していくことができる「資質・能力」を身に付けていくことが，これからの社会に不可欠になってくる。今次の学習指導要領では，このような社会に向き合い，主権者として，その在り方に責任を持てる資質・能力を育成するために，各教科で育成すべき子どもの資質・能力が「三つの柱」として示された。

第一に，「知識・技能」である。これは何を知っているか，何ができるのかに関わることであり，基礎的・基本的な知識・技能を獲得しながら，それらを社会の様々な場面で活用できるように体系化することが期待されている。

第二に，「思考力・判断力・表現力等」である。これは，知っていること・できることをどう使うかに関わることであり，問題の発見，定義，解決の方向性の決定，解決の実行

とそこから次の問題発見へと繋げること，さらには協力しながら問題を解決していく協働的問題解決，そしてそれらの前提となる事実の分析などが期待されている。

　第三に，「学びに向かう力，人間性等」である。これは，どのように社会・世界と関わり，よりよい人生を送るかに関わることであり，主体的に学びに向かう態度や自己の統制，さらには自己の思考や行動を客観的に捉えるメタ認知などが期待されている。

　各教科において育成すべき資質・能力の「三つの柱」は，学校教育法第30条第2項に示されている，いわゆる学力の三要素に対応するものである(図1)。今次の学習指導要領の改訂により，教育目標及び学習評価は，これまでの四観点から「三つの柱」に対応する形で三観点に改められた。

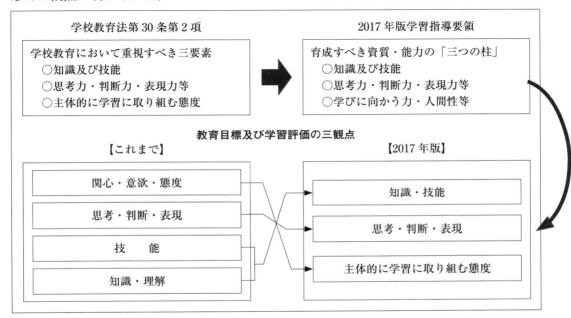

図1．育成すべき資質・能力の「三つの柱」と目標及び評価の観点

第1節　小学校社会科の目標と内容

1．改定のポイント

　年間の授業時数に関しては，2008年版学習指導要領からの変更はない（表1）。しかし，各学年の「目標」と「内容」に関して，今回の学習指導要領から第3学年と第4学年に分けて示されるようになった。

表1．小学校社会科の授業時数

	授業時数	前回との増減
第3学年	70 単位時間	
第4学年	90 単位時間	
第5学年	100 単位時間	無し
第6学年	105 単位時間	
全　　体	365 単位時間	± 0

（学校教育法施行規則をもとに筆者作成）

2．小学校社会科の教科目標

　小学校社会科の教科目標は，各教科で育成すべき資質・能力の「三つの柱」に基づき，次のように示された。

> 　社会的な見方・考え方を働かせ，課題を追究したり解決したりする活動を通して，グローバル化する国際社会に主体的に生きる平和で民主的な国家及び社会の形成者に必要な公民としての資質・能力の基礎を次のとおり育成することを目指す。
>
> (1)地域や我が国の国土の地理的環境，現代社会の仕組みや働き，地域や我が国の歴史や伝統と文化を通して社会生活について理解するとともに，様々な資料や調査活動を通して情報を適切に調べまとめる技能を身に付けるようにする。
>
> (2)社会的事象の特色や相互の関連，意味を多角的に考えたり，社会に見られる課題を把握して，その解決に向けて社会への関わり方を選択・判断したりする力，考えたことや選択・判断したことを適切に表現する力を養う。
>
> (3)社会的事象について，よりよい社会を考え主体的に問題解決しようとする態度を養うとともに，多角的な思考や理解を通して，地域社会に対する誇りと愛情，地域社会の一員としての自覚，我が国の国土と歴史に対する愛情，我が国の将来を担う国民としての自覚，世界の国々の人々と共に生きていくことの大切さについての自覚などを養う。
>
> （小学校学習指導要領　第2章　第2節　社会　第1　目標より）

文頭の「社会的な見方・考え方を働かせ，……次のとおり育成することを目指す。」という文言は，小・中学校（高等学校地歴科・公民科も含む）で共通に見られるものであり，今次の改訂におけるポイントの一つである。また，従来の「公民的資質」という文言は，他教科に揃えて「公民としての資質・能力」という表現に改められた。さらに，社会科固有の「見方・考え方」である「社会的な見方・考え方」に関して，小学校では「社会的事象の見方・考え方」と表現されている。ここでいう「社会的事象の見方・考え方」とは，社会的事象の特色や相互の関連，意味を考えたり，社会に見られる課題を把握して，その解決に向けて社会への関わり方を選択・判断したりする際の「視点や方法（考え方）」である。具体的には，「位置や空間的な広がり，時期や時間の経過，事象や人々の相互関係などに着目して（視点），社会的事象を捉え，比較・分類したり総合したり，地域の人々や国民の生活と関連付けたりすること（方法）」と考えられ，これらの「視点や方法」は，中学校社会科の各分野の学習に発展するものである（図２）。

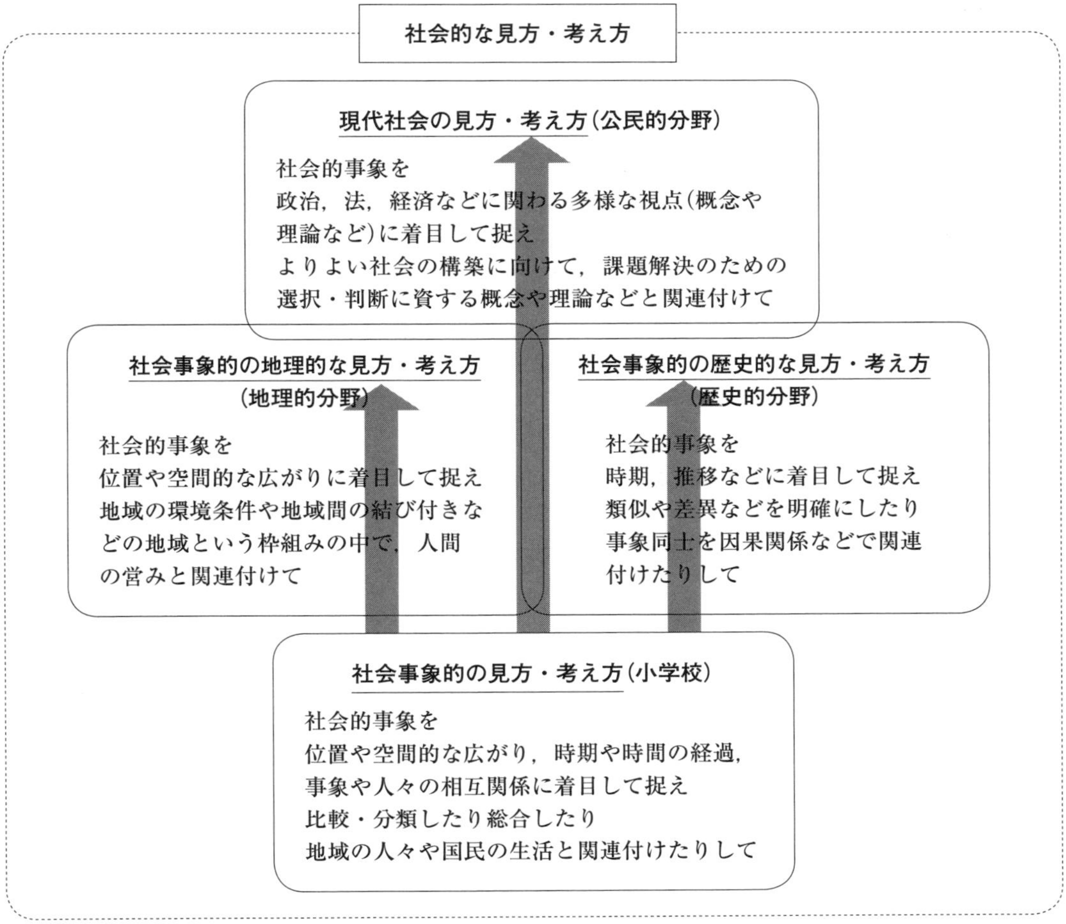

社会的な見方・考え方

現代社会の見方・考え方（公民的分野）

社会的事象を
政治，法，経済などに関わる多様な視点（概念や理論など）に着目して捉え
よりよい社会の構築に向けて，課題解決のための選択・判断に資する概念や理論などと関連付けて

社会事象的の地理的な見方・考え方（地理的分野）

社会的事象を
位置や空間的な広がりに着目して捉え
地域の環境条件や地域間の結び付きなどの地域という枠組みの中で，人間の営みと関連付けて

社会事象的の歴史的な見方・考え方（歴史的分野）

社会的事象を
時期，推移などに着目して捉え
類似や差異などを明確にしたり
事象同士を因果関係などで関連付けたりして

社会事象的の見方・考え方（小学校）

社会的事象を
位置や空間的な広がり，時期や時間の経過，事象や人々の相互関係に着目して捉え
比較・分類したり総合したり
地域の人々や国民の生活と関連付けたりして

図２．小学校及び中学校社会科における社会的な見方・考え方のイメージ
（『小学校学習指導要領（平成29年告示）解説社会編』p19より）

図2の「見方・考え方」を育成するにあたり，重要になってくるのが追究（考察や構想させるための）する視点や「問い」である（表2）。具体的に小学校では，「位置や空間的な広がりの視点」，「時期や時間の経過の視点」，「事象や人々の相互関係の視点」の3つの視点に基づき，視点を生かした，考察や構想に向かう「問い」が，2つの観点（「社会的事象の特色や相互の関連，意味を多角的に考えるための『問い』」・「社会に見られる課題について，社会への関わり方を選択・判断するための『問い』」）から例示されている。例えば，どのような場所にあるか，どのように広がっているかなどと，分布，地域，範囲（位置や空間的な広がり）などを問う視点から，また，なぜ始まったのか，どのように変わってきたのかなどと，起源，変化，継承（時期や時間の経過）などの視点，あるいは，どのようにつながりがあるか，なぜこのような協力が必要かなど，工夫，関わり，協力（事象や人々の相互関係）などの視点をもとにそれぞれ問いを設定して，社会的事象について調べて，その様子や現状などを捉えさせることが企図されている。さらに，上述した視点に基づき考察することを通して，比較・分類したり総合したり，地域の人々や国民の生活と関連付けたりする方法で，考えたり選択・判断したりすることが求められている。

表2．小学校における「社会的な見方・考え方」を働かせるための視点と問い

視点例	視点を生かした，考察や構想に向かう「問い」の例
○**位置や空間的な広がりの視点**　　地理的位置，分布，地形，環境，気候，範囲，地域，構成，自然条件，社会的条件，土地利用　など	○社会的事象の特色や相互の関連，意味を多角的に考えるための「問い」・どのように広がっているのだろう・なぜこの場所に集まっているのだろう・地域ごとの気候はどのような自然条件によって異なるのだろう
○**時期や時間の経過の視点**　　時代，起源，由来，背景，変化，発展，継承，維持，向上，計画，持続可能性など	・いつどんな理由で始まったのだろう・どのように変わってきたのだろう・なぜ変わらずに続いているのだろう
○**事象や人々の相互関係の視点**　　工夫，努力，願い，業績，働き，つながり，関わり，仕組み，協力，連携，対策・事業，役割，影響，多様性と共生（共に生きる）など	・どのような工夫や努力があるのだろう・どのようなつながりがあるのだろう・なぜ○○と○○の協力が必要なのだろう<hr>○社会に見られる課題について，社会への関わり方を選択・判断するための「問い」・どのように続けていくことがよいのだろう・共に生きていく上で何が大切なのだろう

（中教審答申別添資料3－5をもとに筆者作成）

3. 各学年の目標

　各学年の目標は，小学校社会科の究極的なねらいである「公民としての資質・能力の基礎」を育成するために，指導内容と児童の発達の段階を考慮し，「知識及び技能」，「思考力，判断力，表現力など」，「学びに向かう力，人間性等」の統一的な育成を目指し，上記の三観点に基づき設定されている。下記の表は，各学年の目標を三観点で整理したものである（表３）。

　「知識・理解」の「知識」に関しては，学年ごとに示されているが，「技能」に関しては，第３・４学年，第５学年，第６学年という形で示されている。同様の区切り方は，「学びに向かう力，人間性等」でも見られる。一方，「思考力，判断力，表現力等」に関しては，第３・４学年と第５・６学年の二つに分けて示されている。「三つの柱」に基づいて記述された目標は，教科の「目標」に従って設定されている。

表３．各学年の目標構造

		第３学年	第４学年	第５学年	第６学年
（1）知識及び技能	知識	・身近な地域や市区町村の地理的環境，地域の安全を守るための諸活動や地域の産業と消費生活の様子，地域の様子の移り変わりについて，人々の生活との関連を踏まえて理解する。	・自分たちの都道府県の地理的環境の特色，地域の人々の健康と生活環境を支える働きや自然災害から地域の安全を守るための諸活動，地域の伝統と文化や地域の発展に尽くした先人の働きなどについて，人々の生活との関連を踏まえて理解する。	・我が国の国土の地理的環境の特色や産業の現状，社会の情報化と産業の関わりについて，国民生活との関連を踏まえて理解する。	・我が国の政治の考え方と仕組みや働き，国家及び社会の発展に大きな働きをした先人の業績や優れた文化遺産，我が国と関係の深い国の生活やグローバル化する国際社会における我が国の役割について理解する。
	技能	・調査活動，地図帳や各種の具体的資料を通して，必要な情報を調べまとめる技能を身に付ける。		・地図帳や地球儀，統計などの各種の基礎的資料を通して，情報を適切に調べまとめる技能を身に付ける。	・地図帳や地球儀，統計や年表などの各種の基礎的資料を通して，情報を適切に調べまとめる技能を身に付ける。
（2）思考力，判断力，表現力等		・社会的事象の特色や相互の関連，意味を考える力，社会に見られる課題を把握して，その解決に向けて社会への関わり方を選択・判断する力，考えたことや選択・判断したことを表現する力を養う。		・社会的事象の特色や相互の関連，意味を多角的に考える力，社会に見られる課題を把握して，その解決に向けて社会への関わり方を選択・判断する力，考えたことや選択・判断したことを説明したり，それらを基に議論したりする力を養う。	

	第3学年	第4学年	第5学年	第6学年
（3）学びに向かう力，人間性等	・社会的事象について，主体的に学習の問題を解決しようとする態度や，よりよい社会を考え学習したことを社会生活に生かそうとする態度を養う。 ・思考や理解を通して，地域社会に対する誇りと愛情，地域社会の一員としての自覚を養う。		・社会的事象について，主体的に学習の問題を解決しようとする態度や，よりよい社会を考え学習したことを社会生活に生かそうとする態度を養う。 ・多角的な思考や理解を通して，我が国の国土に対する愛情，我が国の産業の発展を願い我が国の将来を担う国民としての自覚を養う。	・社会的事象について，主体的に学習の問題を解決しようとする態度や，よりよい社会を考え学習したことを社会生活に生かそうとする態度を養う。 ・多角的な思考や理解を通して，我が国の歴史や伝統を大切にして国を愛する心情，我が国の将来を担う国民としての自覚や平和を願う日本人として世界の国々の人々と共に生きることの大切さについての自覚を養う。

（『小学校学習指導要領（平成 29 年告示）解説社会編』をもとに筆者作成）

4．内容と内容の取扱い

　社会科の内容構成について，学習指導要領には次のように示されている。

> 　社会科の内容については，第3学年においては市を中心とする地域社会に関する内容を，第4学年においては県を中心とする地域社会に関する内容を，第5学年においては我が国の国土と産業に関する内容を，第6学年においては我が国の政治と歴史，国際理解に関する内容を，それぞれ取り上げている。これらは，中学校で学ぶ内容との関連を考慮し，①地理的環境と人々の生活，②歴史と人々の生活，③現代社会の仕組みや働きと人々の生活に区分して捉えることができる。
>
> （小学校学習指導要領（平成29年告示）解説　社会編　第2節　社会科の内容より）

表4．小学校社会科の内容と区分

学年	内　　　容	区分
3年	(1) 身近な地域や市区町村の様子	①
	(2) 地域に見られる生産や販売の仕事	③
	(3) 地域の安全を守る働き	③
	(4) 市の様子の移り変わり	②
4年	(1) 都道府県の様子	①
	(2) 人々の健康や生活環境を支える事業	③
	(3) 自然災害から人々を守る活動	③
	(4) 県内の伝統や文化，先人の働き	②
	(5) 県内の特色ある地域の様子	①
5年	(1) 我が国の国土の様子と国民生活	①
	(2) 我が国の農業や水産業における食料生産	③
	(3) 我が国の工業生産	③
	(4) 我が国の産業と情報との関わり	③
	(5) 我が国の国土の自然環境と国民生活の関わり	①及び③
6年	(1) 我が国の政治の働き	③
	(2) 我が国の歴史上の主な事象	②
	(3) グローバル化する世界と日本の役割	③

（『小学校学習指導要領（平成29年告示）解説社会編』をもとに筆者作成）

　第3学年に関しては，「身近な地域や市町村…」〈「内容」(1)〉については，「自分たちの市」に重点を置くよう配慮すること，とされた。また，「地域の安全を守る働き…（火災，事故）」〈「内容」(3)〉が第3学年に位置付けられ，火災と事故はいずれも取り上げるものの「どちらかに重点を置くなど」の工夫が求められることとなった。他方，「市の様子の移り変わり…」〈「内容」(4)〉については，交通や公共施設，土地利用や人口，生活の道具などの時期による違いに着目して，市や人々の生活の様子を捉え，それらの変化を考え，表現すること，とされた。さらに教科用図書「地図」（いわゆる「地図帳」）に関しては，従来の第4学年から第3学年に位置付けられた。

第4学年に関しては，「都道府県の様子…」〈「内容」(1)〉が「自分たちの県の地理的環境の概要」「47都道府県の名称と位置」の二つに分割され，県の概要が独立して位置付けられた。また，防災に関する学習の充実が求められる中，「自然災害から人々を守る活動…」〈「内容」(3)〉は，県庁や市役所など地域の関係機関や人々は，自然災害に対して様々な協力をして対処してきたことや，今後想定される災害に対して様々な備えをしていることなどについて学習するものとされた。他方，県内の文化財や年中行事についての学習が第4学年に位置付けられ〈「内容」(4)〉，「県内の特色ある地域…」〈「内容」(5)〉の学習に関しては，「国際交流に取り組んでいる地域」が付加された。

　第5学年に関しては，情報化に関わる内容の見直しが行われ，「我が国の産業と情報との関わり…」〈「内容」(4)〉については，「産業と情報との関わり」を学習することとされた。ここでは，「大量の情報や情報技術の活用は，様々な産業を発展させ，国民生活を向上させていることを理解すること」という知識目標が示され，情報を生かして発展している産業として，「販売」，「運輸」，「観光」，「医療」，「福祉」などに関わる産業の中から選択して取り上げることとされた。他方，「竹島や北方領土，尖閣諸島」が我が国固有の領土であることに触れることが，「内容の取扱い(1)ア」に明記された。

　第6学年に関しては，現行の歴史先習が，政治先習となり，政治学習→歴史学習→国際理解学習の順番で「内容」が示された。これは，18歳への選挙権年齢引き下げを受け，主権者教育に関する学習の充実が求められていることに対応したものと考えられる。一方，歴史学習に関しては，「大陸文化の摂取」以降の学習において，「当時の世界との関わりに目を向け，我が国の歴史を広い視野から捉えられるよう配慮すること」（内容の取扱い(2)オ）とされた。また，学会の研究動向の進展に対応した見直しも行われ，「大和朝廷」を「大和朝廷（大和政権）」，「鎖国」を「鎖国などの幕府の政策」などと改められた。

第1部 基礎編 学習指導要領の理解

第2節 中学校社会科の目標と内容

1. 改訂のポイント

地理的分野，歴史的分野，公民的分野の三分野の履修形態や授業時数に関しては，「第3章 指導計画の作成と内容の取扱い」の「1 指導計画の作成上の配慮事項」の(3)に，示されている。

履修形態は，従来通り第1・第2学年を通して地理的分野と歴史的分野を並行して学習し，第3学年で歴史的分野を学習した後，公民的分野を学習するという「(変型)パイ型」である。一方，授業時数に関しては，地理的分野と歴史的分野に変更があったものの，全体の時数に変更はない(表5)。

表5. 中学校社会科の授業時数

	2017 年版	増 減
地理的分野	115 単位時間	－ 5
歴史的分野	135 単位時間	＋ 5
公民的分野	100 単位時間	無し
全　　体	350 単位時間	± 0

(『中学校学習指導要領(平成 29 年告示)解説社会編』をもとに筆者作成)

2. 中学校社会科の教科目標

小学校同様，中学校社会科の教科目標も，各教科で育成すべき資質・能力の「三つの柱」に基づき，次のように示された。

社会的な見方・考え方を働かせ，課題を追究したり解決したりする活動を通して，広い視野に立ち，グローバル化する国際社会に主体的に生きる平和で民主的な国家及び社会の形成者に必要な公民としての資質・能力の基礎を次のとおり育成することを目指す。

(1)我が国の国土と歴史，現代の政治，経済，国際関係等に関して理解するとともに，調査や諸資料から様々な情報を効果的に調べまとめる技能を身に付けるようにする。

(2)社会的事象の意味や意義，特色や相互の関連を多面的・多角的に考察したり，社会に見られる課題の解決に向けて選択・判断したりする力，思考・判断したことを説明したり，それらを基に議論したりする力を養う。

(3)社会的事象について，よりよい社会の実現を視野に課題を主体的に解決しようとする態度を養うとともに，多面的・多角的な考察や深い理解を通して涵養される我が国の国土や歴史に対する愛情，国民主権を担う公民として，自国を愛し，その平和と繁栄を図ることや，他国や他国の文化を尊重することの大切さについての自覚などを深める。

(中学校学習指導要領 第2章 第2節 社会 第1 目標より)

教科の「目標」は，小学校同様，本文の冒頭に「見方・考え方を働かせ」ることが明示され，位置付けが強調されている。また，その特徴は，「社会的な見方・考え方」を前面に示し，育成すべき資質・能力を「三つの柱」に従って目標を示している点にある。

(1)では，前半部の理解目標に加えて，「調査や諸資料から様々な情報を効果的に調べまとめる技能」の育成が目指されており，情報収集，情報分析，情報整理といった一連の生徒主体の学習活動を求める内容となっている。

(2)では，思考・判断させたい対象と思考・判断の結果として育成したい能力の2つが示されている。前者には「社会的事象の意味や意義,特色や相互の関連」が，後者には「課題の解決に向けて選択・判断したりする力，思考・判断したことを説明したり，それらを基に議論したりする力」が該当する。このことは，事実認識(判断)と価値認識(判断)を統一的に育成することを目指すものである。また，考察の視点として小学校は「多面的」のみであるのに対して，中学校では「多面的・多角的」と併記されている。

(3)では，社会科学習を通して育てたい態度や資質が示されている。学習したことを踏まえ，持続可能な社会の実現に向け，主体的に社会参加・参画する態度・資質の育成が求められている。

3．各分野の目標

各分野の目標は，教科の目標に対応させて「知識及び技能」，「思考力，判断力，表現力等」，「学びに向かう力，人間性等」の「三つの柱」についてそれぞれの分野の「社会的な見方・考え方」に対応した表現となっている。下記の表は，各分野の目標を三観点で整理したものである(表6)。

「見方・考え方」は，教科と各分野で異なり，教科が包括的に「社会的な見方・考え方」としているのに対して，地理的分野が「社会的事象の地理的な見方・考え方」，歴史的分野が「社会的事象の歴史的な見方・考え方」，公民的分野が「現代社会の見方・考え方」という形で書き分けられている。

表6．各分野の目標構造

	地理的分野	歴史的分野	公民的分野
（1）知識及び技能	・我が国の国土及び世界の諸地域に関して，地域の諸事象や地域的特色を理解するとともに，調査や諸資料から地理に関する様々な情報を効果的に調べまとめる技能を身に付けるようにする。	・我が国の歴史の大きな流れを，世界の歴史を背景に，各時代の特色を踏まえて理解するとともに，諸資料から歴史に関する様々な情報を効果的に調べまとめる技能を身に付けるようにする。	・個人の尊厳と人権の尊重の意義，特に自由・権利と責任・義務との関係を広い視野から正しく認識し，民主主義，民主政治の意義，国民の生活の向上と経済活動との関わり，現代の社会生活及び国際関係などについて，個人と社会との関わりを中心に理解を深めるとともに，諸資料から現代の社会的事象に関する情報を効果的に調べまとめる技能を身に付けるようにする。

第1部 | 基礎編　学習指導要領の理解

	地理的分野	歴史的分野	公民的分野
（2）思考力・判断力・表現力等	• 地理に関わる事象の意味や意義，特色や相互の関連を，位置や分布，場所，人間と自然環境との相互依存関係，空間的相互依存作用，地域などに着目して，多面的・多角的に考察したり，地理的な課題の解決に向けて公正に選択・判断したりする力，思考・判断したことを説明したり，それらを基に議論したりする力を養う。	• 歴史に関わる事象の意味や意義，伝統と文化の特色などを，時期や年代，推移，比較，相互の関連や現在とのつながりなどに着目して，多面的・多角的に考察したり，歴史に見られる課題を把握し複数の立場や意見を踏まえて公正に選択・判断したりする力，思考・判断したことを説明したり，それらを基に議論したりする力を養う。	• 社会的事象の意味や意義，特色や相互の関連を，現代の社会生活と関連付けて多面的・多角的に考察したり，現代社会に見られる課題について公正に判断したりする力，思考・判断したことを説明したり，それらを基に議論したりする力を養う。
（3）学びに向かう力，人間性等	• 日本や世界の地域に関わる諸事象について，よりよい社会の実現を視野にそこで見られる課題を主体的に追究，解決しようとする態度を養うとともに，多面的・多角的な考察や深い理解を通して涵養される我が国の国土に対する愛情，世界の諸地域の多様な生活文化を尊重しようとすることの大切さについての自覚などを深める。	• 歴史に関わる諸事象について，よりよい社会の実現を視野にそこで見られる課題を主体的に追究，解決しようとする態度を養うとともに，多面的・多角的な考察や深い理解を通して涵養される我が国の歴史に対する愛情，国民としての自覚，国家及び社会並びに文化の発展や人々の生活の向上に尽くした歴史上の人物と現在に伝わる文化遺産を尊重しようとすることの大切さについての自覚などを深め，国際協調の精神を養う。	• 現代の社会的事象について，現代社会に見られる課題の解決を視野に主体的に社会に関わろうとする態度を養うとともに，多面的・多角的な考察や深い理解を通して涵養される，国民主権を担う公民として，自国を愛し，その平和と繁栄を図ることや，各国が相互に主権を尊重し，各国民が協力し合うことの大切さについての自覚などを深める。

（『中学校学習指導要領（平成29年告示）解説社会編』をもとに筆者作成）

　特に，注目すべき点は，「（2）思考力・判断力・表現力等」に関する内容に関して，多面的・多角的に考察するための視点（着目すべき視点）が明示されたことである（表7）。具体的に，地理的分野では，「位置や分布，場所，人間と自然の相互依存関係，空間的相互依存作用，地域など」，また，歴史的分野では，「時期や年代，推移，比較，相互の関連や現在とのつながりなど」，さらに公民的分野では，「対立と合意，効率と公正，民主主義など」の視点をもとに課題を追究したり解決したりする活動を通して，人間の営みや事象同士の因果関係，（よりよい社会の構築に向けて）概念や理論などを関連付けて考察・構想する能力の育成が目指されている。

27

表7. 中学校における「社会的な見方・考え方」を働かせるための視点と問い

分野	視点例	視点を生かした，考察や構想に向かう「問い」の例
地理的分野	○位置や分布に関わる視点 　絶対的，相対的 　規則性・傾向性，地域差など ○場所に関わる視点 　自然的，社会的　など ○人間と自然環境との相互依存関係に関わる視点 　環境依存性，伝統的 　改変，保全　など ○空間的相互依存関係に関わる視点 　関係性，相互性　など ○地域に関わる視点 　一般的共通性，地方的特殊性　など	○地域の特色や地域相互の関連を多面的・多角的に考察するための「問い」 ・それは，どこに位置するだろう ・それは，どのよう分布しているだろう ・そこは，どのような場所だろう ・そこでの生活は，まわりの自然環境からどのような影響を受けているだろう ・そこでの生活は，まわりの自然環境にどのような影響を与えているだろう ・そこは，それ以外の場所とどのような関係を持っているだろう ・その地域は，どのような特徴があるだろう ○地域に見られる課題の解決に向けて，複数の立場や意見を踏まえて選択・判断するための「問い」 ・それは，（どこにある，どのように広げる，どのような場所とする，どのような自然の恩恵を求める，どのように自然に働き掛ける，他の場所とどのような関係を持つ，どのような地域となる）べきなのだろう
歴史的分野	○時系列に関わる視点 　時期，年代　など ○諸事象の推移に関わる視点 　展開，変化，継続　など ○諸事象の比較に関わる視点 　類似，差異，特色　など ○事象相互のつながりに関わる視点 　背景，原因，結果，影響など	○時代の転換の様子や各時代の特色を多面的・多角的に考察するための「問い」 ・いつ（どこで，誰によって）おこったか ・前の時代とどのように変わったか ・どのような時代だったのか ・なぜおこった（何のために行われた）か ・どのような影響を及ぼしたか ○歴史に見られる諸課題について，複数の立場や意見を踏まえて選択・判断するための「問い」 ・なぜそのような判断をしたと考えられるか ・歴史を振り返り，よりよい未来の創造のために，どのようなことが必要とされるのか

分野	視点例	視点を生かした，考察や構想に向かう「問い」の例
公民的分野	○現代社会を捉える視点 　対立と合意，効率と公正 　個人の尊重，自由，平等，選択，配分，法的安定性， 　多様性　など	○社会的事象の意味や意義，特色や相互の関連を多面的・多角的に考察するための「問い」 ・なぜ市場経済という仕組みがあるのか，どのような機能があるのか ・民主的な社会生活を営むために，なぜ法に基づいて政治が行われることが大切なのか
	○社会に見られる課題の解決を構想する視点 　対立と合意，効率と公正 　民主主義，自由・権利と責任・義務，財源の確保と配分，利便性と安全性，国際協調，持続可能性　など	○複数の立場や意見を踏まえて構想するための「問い」 ・よりよい決定の仕方とはどのようなものか ・社会保障とその財源の確保の問題をどのように解決していったらよいか ・世界平和と人類の福祉の増大のためにどのようなことができるか

（中教審答申別添資料３−５をもとに筆者作成）

4．内容と内容の取扱い

（1）地理的分野

　地理的分野の学習内容を整理したものが表8である。地理的分野では，従来まで世界と日本の二つに分かれていた大項目が，「A 世界と日本の地域構成」，「B 世界の様々な地域」，「C 日本の様々な地域」の三つに再編された。「A 世界と日本の地域構成」に関しては，従来の世界と日本の大項目の冒頭にあったそれぞれの「地域構成」の中項目を統合して，大項目となった。また従来，「世界の様々な地域の調査」，「身近な地域の調査」の二つの中項目に分かれていた「地域の調査」が，「C 日本の様々な地域」に統合され，「（1）地域調査の手法」，「（4）地域の在り方」の二つの中項目に再編された。「（4）地域の在り方」に関しては，単に「調査」ではなく，「在り方」という中項目名になっていることから，（身近な）地域に見られる課題を把握し，解決に向けて考察・構想するという，社会参画を企図した学習活動の充実が求められていると考えられる。一方，従来の「日本の諸地域」では，「中核となる考察の仕方」が七つ（①自然環境，②歴史的背景，③産業，④環境問題と環境保全，⑤人口や都市・村落，⑥生活・文化，⑦他地域との結び付き）示されていたが，2017年版では，二つ減って五つ（①自然環境，②人口や都市・村落，③産業，④交通や通信，⑤その他）に整理された。他方，「内容の取扱い」では，従来「北方領土が我が国固有の領土であることなど」という形で示されていた「領土をめぐる問題」の記述に「竹島」が加わり，「尖閣諸島」に関しては，「領土問題は存在しないことも扱うこと」も明記された。

表８．地理的分野の内容

A 世界と日本の地域構成 （1）地域構成 　①世界の地域構成 　②日本の地域構成
B 世界の様々な地域 （1）世界各地の人々の生活と環境 （2）世界の諸地域 　①アジア　　　　　　　　　　　④北アメリカ 　②ヨーロッパ　　　　　　　　　⑤南アメリカ 　③アフリカ　　　　　　　　　　⑥オセアニア
C 日本の様々な地域 （1）地域調査の手法 （2）日本の地域的特色と地域区分 　①自然環境　　　　　　　　　　③資源・エネルギーと産業 　②人口　　　　　　　　　　　　④交通・通信 （3）日本の諸地域 　①自然環境を中核とした考察の仕方　　④交通や通信を中核とした考察の仕方 　②人口や都市・村落を中核とした考察の仕方　⑤その他の事象を中核とした考察の仕方 　③産業を中核とした考察の仕方 （4）地域の在り方

（『中学校学習指導要領(平成 29 年告示)解説社会編』をもとに筆者作成）

（2）歴史的分野

　歴史的分野の学習内容を整理したものが表９である。歴史的分野では，大項目が「A 歴史との対話」，「B 近世までの日本とアジア」，「C 近現代の日本と世界」の三つに再編され，通史学習の大項目が，B（近代まで）と C（近現代）の二つになった。これに伴い，従来大項目だった各時代は，中項目として位置付けられた。また，従来，政治・国際関係と経済・社会・文化で大きく二分されていた中世が，「(ア)武家政治の成立とユーラシアの交流」，「(イ)武家政治の展開と東アジアの動き」，「(ウ)民衆の成長と新たな文化の形成」の三つに再構成され，モンゴル帝国の襲来を背景としてのユーラシアの変化が加えられた。一方，「グローバル化」などへの対応や，高等学校への円滑な接続を企図した世界史の学習の充実が図られた。具体的には，「ギリシャ・ローマの文明」の扱いや，ヨーロッパ人来航の背景として「ムスリム商人の役割と世界との結び付き」の扱いなどが挙げられる。さらに，「18 歳選挙権」などを受けた「主権者教育」への対応として，内容の取扱いに，政治の来歴の観点から扱うべき事項が明示された。「領土をめぐる問題」に関しては，近代の「富国強兵・殖産興業政策」には「その際（領土の画定），北方領土に触れるととともに，竹島，尖閣諸島の編入についても触れること」と示され，「領域をめぐる問題」の歴史的な背景の取扱いが明確化された。その他，「聖徳太子(厩戸皇子)」，「大和朝廷(大和政

権)」,「元寇(モンゴル帝国襲来)」など歴史学研究上の用語が内容・内容の取扱いに反映・併記された。

表9. 歴史的分野の内容

A歴史との対話
　（1）私たちと歴史
　（2）身近な地域の歴史

B近世までの日本とアジア
　（1）古代までの日本
　　（ア）世界の古代文明や宗教のおこり
　　（イ）日本列島における国家形成
　　（ウ）律令国家の形成
　　（エ）古代の文化と東アジアとの関わり
　（2）中世の日本
　　（ア）武家政治の成立とユーラシアの交流
　　（イ）武家政治の展開と東アジアの動き
　　（ウ）民衆の成長と新たな文化の形成
　（3）近世の日本
　　（ア）世界の動きと統一事業
　　（イ）江戸幕府の成立と対外関係
　　（ウ）産業の発達と町人文化
　　（エ）幕府の政治の展開

C近現代の日本と世界
　（1）近代の日本と世界
　　（ア）欧米における近代社会の成立とアジア諸国の動き
　　（イ）明治維新と近代国家の形成
　　（ウ）議会政治の始まりと国際社会との関わり
　　（エ）近代産業の発展と近代文化の形成
　　（オ）第一次世界大戦前後の国際情勢と大衆の出現
　　（カ）第二次世界大戦と人類への惨禍
　（2）現代の日本と世界
　　（ア）日本の民主化と冷戦下の国際社会
　　（イ）日本の経済の発展とグローバル化する社会

（『中学校学習指導要領(平成29年告示)解説社会編』をもとに筆者作成）

（3）公民的分野

　公民的分野の学習内容を整理したものが表10である。公民的分野では，大項目として「A私たちと現代社会」，「B私たちと経済」，「C私たちと政治」，「D私たちと国際社会の諸課題」の四つで構成されている。全体的に，公民的分野で示されている「見方・考え方」は，分野全体に共通した一般性が高いものと，大項目に共通した学習内容との密着性が高いものに分かれる。例えば，「A私たちと現代社会」に示された「位置や空間的な広がり」や「推移や変化」は，地理的分野や歴史的分野での学習を踏まえたものと捉えられるが，「（2）

現代社会を捉える枠組み」で示された「対立と合意」,「効率と公正」は,「現代社会の見方・考え方の基礎となる枠組み」という位置付けで, 公民的分野全体を貫く「見方・考え方」として, 経済・政治・国際社会の各大項目でも示されている。他方, 現代社会の諸課題への対応として,「A私たちと現代社会」の内容の取扱いでは, 従来と同様に現代社会の特色として示されている「情報化」について,「人工知能の急速な進化」や「災害時の防災情報」などを取り上げることが,「内容の取扱い」に記載された。また「B私たちと経済」の内容の取扱いでは,「職業の意義と役割及び雇用と労働条件の改善」の部分で,「仕事と成果の調和の観点から労働保護立法についても触れること」と示され, 近年の「働き方改革」の流れを受けた「ワーク・ライフ・バランス」の考え方が反映されている。こうした現代社会の諸課題の把握や追究・解決の過程については, 内容の取扱いの冒頭で,「合意形成や社会参画を視野に踏まえながら, ……妥当性や効果, 実現可能性などを踏まえて表現できるよう指導すること」という形で, 実際の社会の中で, 課題を解決する主体として構想することの重要性が示されており, 追究・解決の過程で, 専門家や関係諸機関との連携・協働の必要性が示されている。他方,「D私たちと国際社会の諸課題」の内容には, 基本的事項として「領域」や「国家主権」の理解が明示され, 内容の取扱いでは, 領域と国家主権を関連させて扱うことも明示されている。また, 地理的分野や歴史的分野と同様に,「領域をめぐる問題」についても, 竹島や北方領土に問題が存在していることや, 平和的な手段で解決の努力をしていること, 尖閣諸島には問題が存在しないことを扱うことが明示された。

表 10. 公民的分野の内容

A私たちと現代社会 （1）私たちが生きる現代社会と文化の特色 （2）現代社会を捉える枠組み
B私たちと経済 （1）市場の働きと経済 （2）国民の生活と政府の役割
C私たちと政治 （1）人間の尊重と日本国憲法の基本的原則 （2）民主政治と政治参加
D私たちと国際社会の諸課題 （1）世界平和と人類の福祉の増大 （2）よりよい社会を目指して

（『中学校学習指導要領(平成 29 年告示)解説社会編』をもとに筆者作成）

第3節　授業づくりと留意点

　教科の目標の冒頭に示されている社会的な見方・考え方を働かせた学習を展開するためには，各単元で追究する「視点」とそれを生かした「問い」について，単元計画を作成する段階で十分に吟味・検討する必要がある。なぜなら，どのような見方・考え方を働かせるかは，設定する「視点」と「問い」の質によって規定されるからである。その際，どのような「問い」が，子どものどのような思考を促し，その結果，どのような質の知識が獲得させるのか，「問い」と獲得する知識，「問い」と思考の働きを十分に理解した上で，単元計画を立案することが重要である（表11）。いわゆる5W1Hとして分類される問いは，それぞれ次のような特質がある。例えば，When，Where，Who，What は，時，場所，人など個別的事象を求める「問い」である。また How は，事象の構造，過程，手段・方法，目的，関連を求める「問い」である。さらに Why は，社会的事象間の関係，すなわち因果関係を求める「問い」である。以上述べてきた問いは，事実に関した「問い」である。一方，Which はどちらを選ぶべきかといった価値を問う「問い」であり，その解は個人の価値判断によって分かれるものである。

表11. 問いの種類と思考及び獲得する知識の質

問いの種類	問いの性格	思考の働き	獲得される知識の質	
When, Where, Who, What	・情報を求める問い ・時，場所，人，個別事象を求める問い	事実判断 （知る）	事実関係的知識	記述的知識
How	・情報を求める問いと情報間の関係を求める問いの中間 ・目的，手段・方法，構造，過程，相互関係を求める問い			分析的知識
Why	・情報間の関係を求める問い ・結果を示して原因を求める問い（因果関係）	推理 （わかる）		説明的知識 （概念的知識）
Which	・価値判断を求める問い ・意志決定を迫る問い	価値判断 （考える）	価値関係的知識	規範的知識

（岩田一彦編著(1991)『小学校社会科の授業設計』東京書籍，
岩田一彦(2001)『社会科固有の授業理論・30の提言』明治図書などをもとに筆者作成）

　単元を立案する際，上述したような「問い」の特質を理解した上で，どのような「問い」が，子供のどのような思考を促し，その結果，どのような質の知識が獲得させるのかを意図的・計画的に単元計画に位置付けることが重要である。また，これらの内容を踏まえた上で，上述した各校種で例示されている「社会的な見方・考え方」を働かせるための「視点」と「問い」を参考にしながら，授業づくりを進めることが求められる（小学校は表2，中学校は表7）。

（佐藤克士）

理論編

授業づくりの方法

第1章　授業づくりの方法・技術と理論

第1節　授業づくりのプロセスと社会科の目標

・・

1．授業の目的

　教師の仕事の主要な部分は授業を行うことにある。教師は，担当する教科を教えることは当然のこととして，学習指導要領に示された目標や内容を児童・生徒に定着させるべく日々の授業に取り組んでいる。授業の主な目的は，次世代の担い手に先達が培ってきた文化や技術を継承し，発展していく力を育成することにある。特に社会科は広領域の内容を扱う教科として，包括的にその役割を担っている。

　こうした先達の文化や技術を継承するための営みは，時代や社会の違いを問わず，家庭や地域，職場などのあらゆる場面で行われてきたものである。しかしそれが「授業」という形で行われる場合，国家によって意図的につくられた「学校」という空間で組織的に行われることを一般には指す。今日の学校教育では，その目標や内容を国家が規定し，授業で教えるべき内容は，国家によって選択され，子どもの発達段階に応じて細分化して配列したものになっている。そこで，近代の学校教育の授業の性格は，教師の側からみると，決められた内容を，受動的な立場からこなしていくということになる。ともすると教えるべき内容の必要性や意義を，授業者が感得しないままに授業に取り組むことにもなりかねない。「させられる」「しなければならない」授業では，教科が持つ社会的な意義を認識させたり，子どもの意欲を喚起したりすることは難しい。教育の営みの一態様として行われる授業は，教育を受ける個人の発達や成長（自己実現）に寄与することを前提としなければならない。

　そこで，授業を構想し，実践するにあたっては，教師自身が授業というものの存在（何のためにあるのか）や意義（何のために行うのか）を十分に理解しておく必要がある。換言すれば，教師の資質には，教師自身が教えることの必要性を理解し，なんとしても教えたいという強い思いが必要なのである。そこには，子どもに対する「期待」や「励まし」が常に内包されていなければならない。授業は何のために行うのかを，不断に教師自身が問うていくことで，授業の基盤が強固なものとなり，子どもを現実に感化していく授業の構築や実践が可能となるのである。その土台に立脚し，教科にかかわる豊富な知識や技能，また指導のための方法，技術を持っていることが求められるのである。

授業の目的

| 社会の側：社会の維持・発展（技術・技能や文化の継承・発展） | → ← | 子どもの側：自己実現（自己の能力を開花し，社会でよりよく生きていくため） |

教師に求められる力

| 知識・技能，指導技術（基礎的な力量） | ← | 教科の存在意義の理解と子どもに対する期待（土台となる資質） |

2. 社会科の本質と目標

(1) 社会科の不易の目標

　前述したように授業を行うにあたっては，その前提として教師が社会科の存在意義を十分に理解し，内面化させておく必要がある。教科（社会科）の意義を理解するためには①教科（社会科）が生まれてきた背景ならびに設置の理念②学習指導要領（2017年版・以下，学習指導要領）上の教科（社会科）の目標と内容，の二つを理解・解釈しておく必要がある。

　社会科は，戦後の画期に登場した新しい教科である。その背景には，戦前の反省に立って，自らの思考と判断によって合理的にものを考えることができる児童・生徒を育成することへの要請があり，民主社会の担い手として必要な知識や技能，態度の育成が求められていたことをあげることができる（p. 5参照）。

　こうして誕生した社会科の目標は，「社会認識形成を通して市民（公民）的資質を育成する」ものと定義付けられてきた[i]。「社会認識」とは，社会の制度や仕組みなどの社会の有り様を諸科学による解明に基づいて科学的に認識することである。「理解」という言葉ではなく，「認識」という言葉が使われていることから，表面上の理解にとどまらず，より本質的に捉えるという意味を含んでいるものと解することができる。本質的に社会を理解・考察するためには，現代を知り，過去を知り（歴史），他地域や他国（地理）を知り，それらを比較・考察することを通して，将来を見通していく必要がある。このため社会科の内容・領域は，広範な学問分野を土台として成立しており，その内容が小学校では「社会科」として一元化され，中学校では地理的分野，歴史的分野，公民的分野として「分野」に分けられ，高等学校に至って，教科・科目（地理歴史科：地理総合，地理探究，歴史総合，日本史探究，世界史探究　公民科：公共，倫理，政治・経済）として分科されているのである。

　公民的資質とは，市民や国民として行動する上で必要とされる資質を意味する。ここでの意味は現在の社会に通用する資質を育成するということだけではなく，現在の社会を建設的に批判し，未来の社会を建設していく力量の育成を含意していると捉える必要がある。そのような資質の育成には，先に述べた社会認識の形成を前提とする。

(2) 学習指導要領の基本的な考え方と目標

社会科の目標

　学習指導要領では，育成すべき資質・能力を「知識及び技能」「思考力，判断力，表現力等」「学びに向かう力，人間性等」三つの柱に整理した。また，学習指導要領では，それぞれの教科や校種の特質に応じて「見方・考え方」を育成するものとされており，社会科における「見方・考え方」は「社会的な見方・考え方」として，「課題を追究したり解決したりする活動 において，社会的事象などの意味や意義，特色や相互の関連を考察したり，社会に見られる課題を把握して，その解決に向けて構想したりする際の視点や方法」として整理された。

　これらの育成すべき「資質・能力」や「見方・考え方」を受け，小学校社会科の目標は，

「社会的な見方・考え方を働かせ，課題を追究したり解決したりする活動を通して，グローバル化する国際社会に主体的に生きる平和で民主的な国家及び社会の形成者に必要な公民としての資質・能力の基礎を養う」と設定され，同中学校社会科全体の目標は，「社会的な見方・考え方を働かせ，課題を追究したり解決したりする活動を通して，広い視野に立ち，グローバル化する国際社会に主体的に生きる平和で民主的な国家及び社会の形成者に必要な公民としての資質・能力の基礎を養う」と設定された。

　また，それまでの学習指導要領では，社会科が育成すべき資質・能力は「公民的資質」と示されてきたが，今次の学習指導要領では「公民としての資質・能力」（小学校では「公民としての資質・能力の基礎」）と変更された。「公民としての資質・能力」は，これまでの「公民的資質」から引き継がれるものとされたことから，両者はその内実において違いはないものといえる。

主体的・対話的で深い学び

　今次の学習指導要領改訂では，「主体的・対話的で深い学び」の実現に向けた授業改善（アクティブ・ラーニングの視点に立った授業改善）を推進することが求められることになった。

　このうち「主体的な学び」については「学習課題を把握しその解決への見通しを持つこと」，「対話的な学び」については「実社会で働く人々が連携・協働して社会に見られる課題を解決している姿を調べたり，実社会の人々の話を聞いたりする活動」，「深い学び」については，「『社会的な見方・考え方』を用いた考察，構想や，説明，議論などの学習活動が組み込まれた，課題を追究したり解決したりする活動」などが重要であると指摘されている。

　一方で，学習指導要領改訂の過程で「指導法を一定の型にはめ，教育の質の改善のための取組が，狭い意味での授業の方法や技術の改善に終始するのではないか」「本来の目的を見失い，特定の学習や指導の『型』に拘泥する事態を招きかねないのではないか」といった懸念や危惧も示され（「新しい学習指導要領の考え方，文部科学省2015年），学習指導要領には「全く異なる指導方法を導入しなければならないと捉える必要はないこと」や「基礎的・基本的な知識及び技能の習得」に留意することが指摘された。

（3）本質と時代状況における社会科の使命

　前述した三つの柱は，これまでの知識や技能が教室内（教科書内やテスト）において通用する知識や技能であり，いわば学校という社会から隔絶された世界でのみ通用する学力ではないかとの認識や反省が背景にある。思考力，判断力，表現力と知識や技能とを有機的に結び付け，知識の相互の関連性，実生活や学習者の将来との繋がりがある技能や知識（社会の中で生きて働く知識）が求められたものといえる。

　一方，これまでの学習指導要領においても「社会の中で生きて働く知識」などは強調されてきたところであり，例えば，今次学習指導要領で示された「学びに向かう力」は，1989年度（平成元年）改訂の学習指導要領によって「自ら学ぶ意欲」として示された学力観と類似するものである。平成元年版の学習指導要領で示された学力観は，新学力観と言われ，知識偏重の学力観から思考力や問題解決能力などを重視し，生徒の個性を重視する

学力観へと大きく舵を切ったものであった。また，「見方・考え方」についても，従前より社会的事象を多面的多角的に捉えることや，相互の関連を考察することの重要性として求められてきたところである。

したがって，今次の学習指導要領で示された学力観はこれまでの学力観と異なるという理解ではなく，これまでの学力観を継承させ，定着させることが求められていると解するのが適切である。思考力，問題解決能力，応用可能な学びなどは社会科の出自に関連して，その創設時より重視されてきたものでもある。近年，国際学力調査においてもそれらは重要視されている。こうした資質・能力の重要性が繰り返し指摘されたり，より重視されたりする背景には，それらを具現化したり実体化したりすることがいかに困難であるかを示すものでもある。

これまでの学習指導要領の変遷やそれへの取り組みを振り返ったとき，今次の学習指導要領において示された学力観を具現化することは容易ではない。社会科を担当する授業者には，学校現場の様々な制約を的確に把握し，時代の要請とその方向性を捉え，社会科の本質を見失うことなく，新たに示された学びの方向を実体化していく力量が求められるのである。

> ＊国際学力調査であるPISA調査における読解力は，「自らの目標を達成し，自らの知識と可能性を発達させ，効果的に社会に参加するために，書かれたテキストを理解し，利用し，熟考する能力」とされ，社会に参加するための読解力を求めている。

社会科の本質……民主主義の担い手の育成
↓
社会科の不易の目標……社会認識の形成を通した公民的資質の育成
時代が求める社会科の目標…現行学習指導要領の指導や目標の重点・強調点
↑
社会科教師……社会科の本質から時代の動向や学習指導要領の理念を解釈

3．授業づくりの要素とプロセス

（1）授業をつくることの本質

授業は教師の主たる仕事であり，授業づくりは教師の日課ともいうべきものである。授業を行おうとする際，それはどのように構想され，どのようなプロセスをもってつくられるのだろうか。授業は，教科の存在が所与のものであることを前提としても，本質的には「何のために教えるのか」という必要性が問われる中で生まれ，その必要性に即して目標が設定され，目標を実現するための内容が決められ，その目標と内容をもとに，児童・生徒の実態に即した教材が作成され，様々な方法技術を用いながら展開することで成立する。

| 目標：何のために教えるのか，教えることで何を身に付けさせたいのか | → | 内容：教えるべき内容 | → | 教材：教えるための材料…教科書はもっとも基本的な素材 | → ← | 方法：どのように指導するのか，どのような学習形態を取るとるのか |

現実の学校教育においては，上記の必要性の有無やその理由は国家が決定し（その過程で教科や科目がつくられる），目標と内容は，学習指導要領に定められる。また，教材についても必ず用いるべきものとして教科書が存在している。このため，授業づくりは，教師の教科書理解から始まり，教科書をどのようにわかりやすく教えるかを検討することを意味することも少なくない。教科書は，教科の目標を達成するための学習素材の一つであり，主たる素材である。教科書は学齢における発達段階を一般的に想定してつくられているものであり，教科の目標を達成するためには眼前の児童・生徒の実態にあった教材を準備しなければならない。したがって，教科書についてもどのように活用するのかが十分に検討され，教科書以外にも必要な素材を渉猟，検討されなければならない。

(2) 授業づくりの要素

　こうした授業づくりを学校現場の実態に即して捉えると次の要素で成立している。

①年間指導計画・単元計画の作成

　　授業は通常，単発で終わるものではなく，継続性や蓄積を前提として展開される。そこで，授業を構想する際に，まず，年間指導計画や単元計画などの全体の流れや全体像を明確にしておく必要がある。したがって，授業づくりのプロセスは年間指導計画（全体計画）の策定からはじまり，単元計画の作成，本時の授業の構想という流れが基本になる。

　　年間指導計画は，通常年度の初めに立てるものであるが，必ずしも実際の授業場面を含んでいるものではない。年間指導計画や単元計画は一度立てたら変更できないというものではなく，所期の目標を達成するために，状況に応じて子どもの実態を踏まえながら柔軟に変更する必要がある。「決めたとおり実施する」ことも重要であるが，それ以上に「所期の目標」を達成することが大切である。

②内容研究

　　教科内容（指導内容）の理解や研究は，授業づくりの前提となるものであり，年間指導計画，単元指導計画，毎時の授業計画作成のいずれにおいても重要であるが，とりわけ単元計画や毎時の授業準備の段階では十分な内容の研究が求められるところである。

　　中学校・高校では，教科担任制を前提としており教科内容も難解になることから，指導法の検討以前に教科内容について十分に研究しておかなければならない。自ら担当する教科内容について，教科の専門家として必要な知識や技能を身に付けていることが求められるからである。ただこのことは，内容の研究に引きずられ，指導法の検討がおろそかになりやすいということでもある。学習は受け手の側である学習者に何が身に付いたかということによって成立する。伝えただけでは授業とはいえない。学習者側に立った指導法の研究と実践があって初めて教師の専門的な知識などが生きてくることになるのである。

　　これに対して，小学校では，一人の教師が複数の教科を担当したり，毎年異なった学年を担当しなければならないことなどもあり，指導法（教え方）の研究が中心となる

ことが多い。実際，指導法や指導技術を紹介した雑誌や専門書の多くは小学校向けとなっている。内容の理解が比較的容易な小学校では，内容研究が不十分になりがちである。しかし，教える内容の難易によらず，教科内容を研究・理解することが，よい授業づくりには不可欠である。換言すれば，授業で直接活用することができない専門的な内容であっても，そうした探究・学習を教師が行うことで，知識の引き出しをたくさん持つことになり，授業の厚みや幅を増すのである。教師が蓄積した引き出しは，素材探し（教材開発）の場面や，児童とのやりとりの授業場面で発揮されることになる。とりわけ，学問的な追究を教師が不断に行っていることで，教師自身が知る喜びや感動，不思議，疑問を体感することができ，授業にそれが体現され，「生きた」授業の実現が可能となる。

③授業の目標づくりと指導内容の重点化

　授業の構想を行う際，その授業の目標を明確化する必要がある。さらにその目標と関連して，授業の重点や山場を設定することが求められる。目標は一般に，学習指導要領の評価の観点としてあげられている，「知識・技能」「思考・判断・表現」「主体的に学習に取り組む態度」に応じて記される。こうした目標の前提として，何のためのこの授業を行うのかを授業者が内面化させた上で授業を行う必要がある。先にも述べたように　1.社会科の本質や存在意義を理解すること　2.学習指導要領の目標を把握し教師自身が解釈すること　3.学習指導要領や教科書で内容を把握しながら指導内容の重点化を図ることなどが求められることになる。

④教材開発（素材探しとそのアレンジ）

　目標が設定されたところで，その目標を達成するための素材を探すことになる。教科書は素材の一つであるが，必ず依拠しなければならない基本的な素材である。素材は提示のタイミングや発問などがあって，教材となる。したがって，教材は素材をどのように用いたり活用したりするかを含んだものであり，その意味で教材開発は，広くは⑥で述べる指導法を含んだものということができる。

⑤子ども理解

　あらためて言うまでもなく，授業は学習者の子どもを対象に行われるのであり，子どもの実態に応じた授業づくりをいかに行うことができるかがよい授業を成立させる鍵になる。そこで授業づくりの前提として，当該学校や当該クラスが普段置かれている全般的な状況や，個々の児童・生徒の実態を把握しておく必要がある。具体的には，興味・関心や学習意欲，既得知識などに着目し，形成的な評価を取り入れた授業を日頃から行い，言動の観察とその記録，ノートなどに書かれた学習感想などの文言などを客観的に分析することが重要となる。また子どもを取り巻く環境や他教科でどのような学習が行われているかを念頭に置くことも，複数の学問領域を包括する社会科の授業づくりには不可欠である。

⑥指導技術・学習形態の適用や構想

一通りの指導内容の研究を終え，子どもの実態を念頭に置いたところで，様々な指導技術や学習形態を，授業のねらいに即して駆使したり適用したりすることになる。そのためには基本的な指導方法・技術や学習形態を把握しておく必要があるが，すでにある方法や形態を鵜呑みにして適用するという姿勢ではなく，眼前の子どもの内発性を喚起することができる方法や形態を，実践を通して試行錯誤しながら自分なりに解釈したり，改善したり，開発したりして身に付けていくという姿勢を大切にしていきたい。いつも同じ指導形態であったり，パターン化した学習形態であったりしては社会科が求める資質の育成は困難である。

⑦学習指導案の作成
　　　ここまでのプロセスを経て，学習指導案が作成されることになる。学習指導案は，事前に1単位時間ないしは単元の授業の流れを想定し，各段階における子どもの反応を事前に想定し，どのような手順で教材を提示し，何を学ばせたいかを授業以前の段階で仮説的に計画を立てたものである。

⑧振り返りと次時の授業の構想
　　　毎時の授業を行った後に，その指導内容・進度，それに対する児童・生徒の反応や理解の状況などを踏まえて，次時の授業の構想や修正を行うことになる。

(3) 授業づくりのプロセス
　以上のような要素すべてが授業づくりに不可欠であり，広い意味での教材研究ということができるが，なかでも②～④が学習素材の開発・研究という意味で狭義の教材研究ということができる。これらの要素をさらに授業のプロセスとして3つの段階に整理すると以下のようになる。第1段階は，学習指導要領上の目標と内容を把握・確認することである。第2段階は教科書や学習指導要領解説などをもとに，実際に指導する内容や領域の目標を設定し，授業における指導の重点や山場を明確にすることである。第3段階は，第2段階の検討事項を踏まえて，指導法や学習形態を念頭に入れながら学習素材を探し，その素材を指導法や学習形態を工夫しながら具体的な授業として活用していく段階である。これらの全段階で，受け持つ児童・生徒の実態（学習意欲や既得知識など）を踏まえることが求められる。

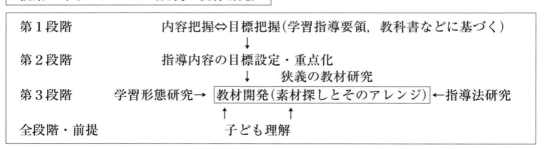

＊授業の具体的な構想図となるのが指導案

第2部 │ 理論編　授業づくりの方法

第2節　社会科の学習過程

本節では，社会科の学習指導を展開する際に，必要な基本的な学習過程や学習形態，指導技術を確認する。

1.　学習過程と指導過程

授業はいくつかの段階を経て，それらを積み上げながら展開し，成立する。学習過程は広く捉えれば，1年間の学習の授業の流れを指すが，一般にはひとかたまりの学習内容である一単元の学習のプロセス(学習過程)を指す。学習過程は，教師の側からみれば指導過程や教授過程となる。学習指導では子どもの学びがどう行われるかを問うていくことが重要である。その意味で，教師の側からの指導過程として授業を捉えた場合でも，それが子どもの側にどのように受け止められるかという学びの側の過程を捉えておくことが不可欠である。

学習過程は一般的に，導入，展開，終末(まとめ)に分けられる。導入は，単元への興味や関心を喚起し，学習の目標や課題を把握させる段階である。展開は，知識の獲得や課題追究を具体的に進めていく過程である。終末は，単元の学習のまとめとして習得した知識や概念，経験を振り返るとともに，知識や概念の一般化をはかる過程である。小学校では，これを「つかむ→調べる→まとめる」と表現されることもある。各段階の表現の違いは，以下に述べる学習過程の性質や子どもの捉え方の相違によるものである。学習過程を構想するにあたっては，授業の目標やねらいを明確にするとともに，子どもの実態(既有知識や経験)や学齢を念頭に置くことはいうまでもない。

2.　問題解決学習と系統学習

社会科の学習過程は，社会科では問題解決学習と系統学習に大別することができる。問題解決学習は，デューイ(John Dewey，アメリカの教育学者，哲学者，1859 – 1952)らによって提唱されたものである。提唱された背景には，社会の機能が高度化，複雑化，専門化が進む中で学校の学習と生活が乖離し，学習の意義や意味が希薄になってきたことが挙げられる。問題解決学習は，一般に「子どもが直面している問題を解決することを通じて，子どもたち自身が自らの経験や知識を再構築して発展させようとする学習」(朝倉隆太郎編「新社会科指導法辞典」明治図書出版 1979 年)と定義付けられる。この学習過程は戦後の社会科に大きな影響を与えた。昭和 25 年度版文部省「小学校社会科学習指導法」は，社会科の学習過程の段階を次のように示している。

1　児童が問題に直面すること
2　問題を明確にすること
3　問題解決の手順と計画を立てること
4　その計画に基づいて，問題の解決に必要な資料となる知識を集めること
5　知識を交換し合うこと
6　仮説を検討し，確実な解決方法に到達すること

43

こうした学習過程は，戦前の偏向教育に反省に立ち，民主的な社会を建設するための教育方法として大きな期待が持たれたものでもある。

これに対して，系統学習は教授すべき内容が，社会科学の諸分野をもとにあらかじめ定められ，その教育内容を学齢に配慮した上で系統的に学習させようとするものである。学齢が上がるにしたがって，学習過程は系統的な傾向を示すようになる。これは，学齢が上がるほどに学ばなければならない内容が高度化してくることによるものである。系統学習では，子どもの興味・関心に基づいた学習過程よりも，教師の側から学習内容を提供する教授過程・指導過程の側面が強くなり，学習形態も一斉学習(講義式の授業)が多く行われることになる。

問題解決的な学習の課題は，子どもの問題意識から問題追究が行われるために，科学的な認識や理解，学問的知見に裏付けられた学習を担保されにくいところにある。子どもの自主的・主体的な活動を重視した実践は，主体性を重視するあまり，意図的・計画的な学習にならず，「活動主義」とのそしりを免れないものも多く見られ，批判の対象となってきた。一方，系統的な学習では，「詰め込み」による「学習嫌い」などの様々な弊害を生み出すことが指摘されてきた。これまで経験主義と系統主義は，どちらか一方に重心を移すと，それぞれの弊害が強調され，幾度となく揺り戻しを繰り返してきた。問題解決学習においては，学問的な知見に基づく科学的な認識を重視することが求められ，系統学習においては，子どもの関心や意欲を重視し，結果としての知識を習得させるだけではなく，認識の仕方や学び方を学習させる必要がある。

3．その他の学習過程

この他の代表的な学習過程には発見学習や検証学習，探究学習などがある。これらは，問題解決学習と系統学習のそれぞれの課題を克服することをねらいとして提唱されたものである。

発見学習

発見学習は，直接にはブルーナー (Jerome Seymour Bruner，アメリカの教育心理学者，1915 − 2016)によって主張され，知識や概念を獲得するプロセスを追体験させようとするもので，教科の内容を教師が確実に把握し，それを問題解決の方法をとりながら子どもに追究させようとするところに特徴がある。発見学習は一般的に次のような過程によるものとされている。

●発見学習の学習過程

課題の把握→仮説や予想→仮説の検証→根本概念の応用・活用

検証学習

検証学習では，すべての段階において，教師の指導性や教科の内容が重視される。追究の前提として，教師が示した事実を正確に理解することが求められ，その理解のもとに子どもが主体的に課題を設定し，解決していくものである。具体的な過程は次のようになっている。

●検証学習の学習過程

　事実の理解→教師による問題提起→子どもの解釈→子どもの予想と教師の整理→子ど
もの検証・結論と教師の確認

探究学習

　探究学習は，その過程やねらいとすることは発見学習と類似するものであるが，結果を
明らかにすることよりも，探究の過程を重視するところに特徴がある。その学習過程は，
以下のように示され，各段階のうち，問題の把握や追究の段階での情報収集能力や情報活
用能力などの探究的な能力を身に付ける(学び方を学ぶ)ことを強調するものである。

●探究学習の学習過程

　問題把握の段階→仮説設定の段階→学習問題探究の段階→結論吟味の段階

　これらの学習過程(「発見学習」「検証学習」「探究学習」)では，教師が「教えたい」内容
を巧みに子どもが解決したい問題へと転じることで子どもの探究が始まることになる。そ
れ自体は否定すべきではないが，教師の意図が強調され過ぎると過度に「仕組まれた」課
題解決学習となり，子どもの学習意欲を喚起しないつまらない課題追究になる危険性をも
っている。

学習過程 ⟷ 指導過程…単元の学習プロセス 　　「導入」→「展開」→「終末(まとめ)」 　　「つかむ」→「調べる」→「まとめる」 問題解決的な学習と系統的な学習に大きく分類 　　問題解決的な学習…子ども中心→活動主義になる可能性 　　系統的な学習…教科中心→教え込みになる可能性 その他の学習過程…問題解決的な学習の課題の克服をねらい 　　発見学習，検証学習，探究学習など→「仕組まれた」課題追究の可能性

第3節　学習形態と指導技術

　学習形態は，教師の指導の方針によって決定することから，指導形態と学習形態は表裏の関係になっている。指導技術は，アクティブ・ラーニングの導入に伴い多様な指導技術が求められるようになってきている。授業のねらい，学習内容，学習過程などの相違に合致した指導技術を用いるとともに，様々な学習形態を適切に使い分けることが大切である。

1．学習形態

一斉学習

　教師が教壇に立ち，教師の指導や指示を子どもが共通に受けるものである。講義式の指導に基づくもので，伝統的な学習形態である。学習過程としては系統的な学習に適したものといえる。この学習形態では，教師の豊富な知識や経験から，多くの知識を得たり多様なものの見方を知ったりすることができる。同様の内容を同時に享受することから能率的に学習することができ，学級内で同一課題や同一内容を同じ時間，平等に知識や技術を身に付けることも可能である。一方で，一人ひとりの子どもの理解度を確認しながら授業を進めたり，子どもの考えなどを引き出したりすることが難しく，系統学習への批判と同様の「詰め込み」などによる弊害の問題を抱えている。そこで一斉学習を主とする形態では，教師との子どもの問答を積極的に取り入れたり，討議やグループ学習などを要所に取り入れたりする工夫が求められる。また，理解度を測定するために小テストなどを取り入れ，指導内容を修正するなどの工夫も有効である。

個別学習

　子どもの理解度や特性，個性に応じた学習を目指すものが個別学習である。したがって学習の形態は学級全体という形ではなく，少人数グループやペア学習，一人学習といった形態をとることになる。個別学習は，教師から与えられるのを待つような学習ではなく，子どもが主体的に授業に参加・参画する形態である。したがって，学習課題を子ども自身が設定したり，追究したりする問題解決的な学習過程に適した形態であるといえる。一方で，学習内容が子どもの限定された経験や知識にとどまってしまう可能性がある。したがって，学習のすべてを個別学習にするのではなく，学習の段階や場面に応じて個別学習を取り入れることが有効である。例えば，基本的な事項を一斉学習で学ばせた後，各自の課題を追究していく段階で個別学習やグループ学習を取り入れ，まとめの段階では学級全体での一斉学習によって，学習事項を確認・共有するなどの工夫が考えられる。

グループ学習

　グループ学習は，個別学習の一つということができる。近年，グループ学習の有効性が再認識されている。特に社会科は，社会の形成者として必要な公民的な資質を養う教科であり，その意味ではグループで話し合いをしたり討議をしたりして，多様な考えや見方を知り，自分なりの価値判断を行うことが重要である。グループ学習の効果としては，子どもの主体的な学びを引き出すことができ，互いの責任や役割を自覚することで，成就感や

達成感を身に付けさせることができることがあげられる。グループ学習ではねらいを明確にして，学習過程のどの段階に位置付けることが有効であるかを入念に検討しておく必要がある。また，時間配分や話し合いのテーマ，人数，各構成員の役割，話し合いのルールなどを明確にしておくことも重要である。グループ学習はついの活動の楽しさや活発さに目を奪われ，何を学んだかを検証することが不十分になりやすい点に留意したい。

主体的・対話的で深い学び（アクティブ・ラーニング）

　前述したように，今次の学習指導要領では「主体的・対話的で深い学び」，いわゆるアクティブ・ラーニングが求められている。アクティブ・ラーニングという用語は，1980年代にアメリカに登場し，本来は講義中心の大学教育を活性化させるために始まった取り組みである[ii]。聴くこと以外の学習形態，書いたり，読んだり，議論したりする学習を指すものとされた。個別学習やグループ学習を意味することが多い。

　1991年に，アクティブ・ラーニング啓蒙の著「Active Learning: Creating Excitement in the Classroom」を著したチャールズ・ボンウェルとジェームス・エイソンによれば，アクティブ・ラーニングは「事を行うことに学生を巻き込み，その行っている事について考えることに学生を巻き込むすべて」と定義し，その方略として以下をあげた[iii]。

1　学生は聞く以上のことに巻き込まれる。
2　情報の伝達よりもスキルの獲得が強調される。
3　学生は高度に組織化された思考－分析，仮説，評価に巻き込まれる。
4　学生は読んだり，議論したり，書いたりという活動にかかわる。
5　学生自身の意志や態度，価値観による探究がより強調される。

　ここで留意すべき点は，上記の4つは定義ではなく，「アクティブ・ラーニングを促進する方略（strategies promoting active learning）」としているところにある。すなわち「読んだり」「議論したり」「書いたり」などはアクティブ・ラーニングを具現化するための学習の方法や形式であり，アクティブ・ラーニングそのものではない。ボンウェルらはその定義からもアクティブ・ラーニングの本質を「考えることに巻き込む」（思考する）こととしており，そのための方略として，講義形式以外の授業方法に着目することが重要であるとしているのである。これは，経験主義教育の泰斗であるデューイ（既出）が「教授や学習の方法の永続的改善への唯一の正攻法は，思考を必要とし，助長し，試すような情況の中心に置くことである」として学習における思考の重要性を指摘していることと符合している[iv]。

　「主体的・対話的で深い学び」の推進にあたっては，方略としての活動に目を奪われることがないよう充分留意する必要がある。「思考を必要とし，助長し，試すような情況」に子どもたちをどのように置くか，学習目標・方法を具現化するのに適した学習形態は何かなどを踏まえ，一斉学習，個別学習，グループ学習などを柔軟に取り入れていく必要がある。また，そこでは後述するように，思考を促すような問いを設定したり，活用したりすることが肝要である。

学習形態 ←→ 指導形態
「授業のねらい」「学習内容」「学習過程」を前提
→「一斉学習」「個別学習「グループ学習」などを適切に活用

2. 指導技術

　教育技術の開発は不断に行われており，現在ではICT技術（IT：情報通信技術）を活用した指導技術の開発が様々な形で行われている。ファーストフード各社が従業員に対する接客方法をマニュアルよって行うことによって，一定のサービスの提供を担保しようとしているのと同様に，教育における指導技術についても多くの教師に利用可能なマニュアルや法則，機器などの開発が行われ，実際に膨大な数の書籍などが出回っている。

　先達が様々な経験と試みをもとに開発した指導技術は，意義のあるものである。しかし，それらを鵜呑みにするのではなく，あくまでも参照するという立場を堅持することが大切である。いうまでもなく，学校によって，教室によって，個々の子どもによって教育の内容や方法，教育技術は相違しなければならない。同じ子どもであっても，成長や体調などによって変化する。かつて教育学を総合的な人間科学としてとらえようとしたロシアの教育学者ウシンスキー（1824 – 1870）は，教師自身が指導技術を創造することの重要性を指摘した。児童・生徒の個別的な側面から出発し，開発される指導技術が重要であり，すでにある指導技術はあくまでも一般的な参考でしかないということである。

　また，人を相手にする教育では，眼前の子どもとの人格的なふれあいやぶつかり合いなどのコミュニケーションが前提となることはいうまでもなく，その意味で，コミュニケーションの力量は教師にとって指導技術の基盤となる資質といえる。

ICT の活用

　ICT（情報通信技術）やAI（人工知能）の開発は，想像を超える速さで進歩している。学校現場ではそれらの進歩をどのように受け止め，どのように授業場面などで活かしていくかを常に問われる状況となっている。ICTの活用にあたっては教師による得手不得手があり，また，地域や学校毎の情報教育環境の相違も少なくない。ICTの良さを活かし，その危険を除去しつつ，活用を図っていくことは必ずしも容易ではない。しかし，ICTの活用は避けて通れず，それを適切に用いることで，子どもたちの学習への興味・関心を高め，分かりやすい授業の展開に役立てることができることも事実である。特に一人ひとりの子どもたちの能力や特性に応じた個別学習や，アクティブ・ラーニングの際の子供たちが教え合い学び合う「協働学習」など，ICTは個別最適化した学びを具現化することを可能にする。これまでの指導技術に加え，授業のねらいなどに応じてICTを適切に融合させて効果のある授業を構築していきたい。また，ICTの活用にあたっては，情報モラル教育の推進も求められている。情報モラル教育は社会科教育の一環として行ったり，連携したりして行うことが重要である。

板書の意義と方法

板書は基本的な学習指導の手段であり，社会科では，主に授業内容を整理，説明，図示するために用いるが，その他にも学習課題を明示したり，子どもの発言を提示したりする際にも活用される。また，地図や写真，実物などの各種の資料を掲示しながら，それらを関連付け，必要な板書を行いながら思考を促すような利用も行われる。一般に系統的な授業では，学習内容の整理や定着に比重が置かれ，問題解決的な授業では，探究の過程・疑問を明らかにするために，子どもの考えや疑問などを整理したりするために用いられる。いずれにしても，板書は教材との出会いの場となり，学習内容を深めさせる場となることはいうまでもない。授業後に学習者がノートを見たとき，その授業を時系列に振り返ることができるような工夫を行うことも重要である。こうした板書の主な役割をあげると以下のようになる。

1　学習内容を整理
2　学習内容の深化，定着
3　児童・生徒の発表の場の提供

板書計画を立てる際には，授業のねらいと児童・生徒の実態を踏まえた上で，授業の流れを十分に想起しながら綿密な計画を立てる必要がある。また，板書を通した子どもの学びが，教師のねらいに即したものとなるようにするために，板書の計画とともに，子どもにノートの取り方を指導することも重要である。その上で一人ひとりのノートを点検するなどして，子どもの学習状況を確認し，必要に応じて支援する。そのことによって集団的な指導の中でも，個に応じた学習を成立させたり，次の授業内容を構想する際の手立てとしたりすることが可能となる。

ノートの活用

小学校高学年以上になると，教師の板書をそのまま写すことがノートを取ることであることを意味することが多い。とりわけ中学校で顕著になる。いわば知識の忘備録としてのノートである。しかしそのようなノートであったとしても，「ノートを取る」過程で知識を定着させたり，知識を再構成したり，さらには新たな知識を創造することができる。

社会的な事象を扱う際，その事実やしくみ，背景などをすべて教師が説明してしまうのではなく，生徒自身に背景や要因，影響などについてノートを活用して考察させるような工夫が考えられる。ここでは一例としてトゥールミンモデルをあげる。

結論を導くための事実と根拠を図式化

D：減らないプラスティックゴミ → C：海洋汚染
⇧
W：使い捨てだから，管理が行き届いていないから……

D データ：事実や証拠

C 結論：データから導き出される結論

W 理由：結論を導くための妥当性

DとCを先に挙げ，Wを根拠とともに考えさせるなど，事実に基づく内容と事実から考えたことを区別させる。このようなノートの活用を通して論理的思考を促すことができる。また，ノートは教師と生徒とのコミュニケーションの場や機会にもなる。教師が生徒のノートを確認することによって生徒の学習の進捗状況を把握することができ，さらにコメントを付したりすることで生徒とのコミュニケーションを図ることもできる。

発問の意義と方法

授業は教師と子どもの双方向のコミュニケーションによって成立する。発問は，授業のかなめであり，授業に用いる素材を教材へと転じる際のかなめでもある。発問には，授業の方向を決定付け，子どもの思考を促す「問い」「問いかけ」としての役割が期待されている。「質問」ではなく，「発問」という言い方をするのは，そのような意義が含まれているからである。

発問を有効に働かせるためには，教師と生徒のコミュニケーションや子ども同士のコミュニケーションが授業の中で醸成されていることが大切であり，他人の意見を尊重するという学習環境をつくることが前提となる。そのためには，日頃から教師が子どもの発言の行為それ自体を尊重するとともに，その内容を価値付けていく（発言内容の意義を教師が捉え直す）取り組みが重要である。

発問には主に次の3つの役割がある。

1　知識を問う発問…既得知識を確認したり，知識を定着させたりする。
2　思考を促す発問…社会科の目標である多面的な思考や社会的な事象の意味を考えさせる。
3　学習課題追究のきっかけとなる発問……主体的な学習を始動させる。

発問の役割は，先にも述べたように思考を促したり，内発的な学習意欲を喚起したりすることである。したがって，子どもの積極的な参加や発言を促すために簡単な知識を問うたり，択一などで問うたりすることはあってもよいが，それらはあくまでもきっかけとしての発問として位置付けたい。

思考や学習の誘因となるような発問は，因果関係を問うたり，比較をさせたり，関連性を見つけさせたりするような発問である。そのために，子どもが一般的に抱いている考えと反対の考え方を提示して子どもの思考を揺さぶることもある。

例えば，環境問題に関する授業の動機付けの（授業の方向性を決定付ける）発問として次のようなものが考えられる。（小学校高学年〜中学校）

発問1：あなたの家ではスーパーに買い物に行ったときにどのようなことに気を付けて買い物をしていますか？
　→子どもの答え「新鮮なもの」「安いもの」「必要なものだけ」（想定）
発問2：あなたは，スーパーに行ったときに日付の新しい牛乳と古い牛乳があったらどちらを買いますか？　理由は？

> →子どもの答え「新しい牛乳」（想定）
> 発問3：では，家に2本の牛乳があったときに日付の新しいものと古いもののどちらから先に飲みますか？
> →子どもの答え「古い牛乳」（想定）
> 発問4：「なぜ家とスーパーでは違ったことをするのでしょう？」

　上記の2～4の発問は，思考を促す発問であり，学習課題を追究するためのきっかけになる発問である。こうした発問は事前に準備しておくとともに，どのような反応があるかを十分に想定しておく必要がある。無計画で安易な発問は，例え子どもが活発に発言したとしても，結果として何を学んだか，学ばせたかったかがはっきりしない散漫な授業になる可能性がある。そこで，事前の準備では，子どもの反応に柔軟に対応できるように予備的な発問をいくつか用意しておいたり，想定される流れを複数予測しておいたりするようにしたい。

　一方，子どもの発想は，教師の予想の枠に留まらないことも少なくない。子どもの柔軟な発想は教師も気付かない本質を突いてくることもある。想定していた答えや流れと異なった場合でも，慌てることなく冷静に対応したい。授業の最終的なねらいを念頭に置き，子どもの発言を十分に活かしながら，授業を進めていくことが大切である。想定していた流れと異なった発言があった場合に，それを無視して強引に教師の想定していた流れに持っていってしまうような授業展開は避けるべきである。また，特定の子どもの発言に偏ることなく，教室全体を追究の学びの場とするために発言のルールなどを決めておくような工夫も重要である。

> 指導技術…教師自身による創造の重要性＝児童・生徒の側面から出発
> 板書…教材との出会いの場
> 　授業内容の整理，説明，図示，学習課題の明示，子どもの発言を提示，各種の資料の掲示など
> 発問…学習や子どもの思考の誘因となる「問い」「問いかけ」
> 　知識を問う発問，思考を促す発問，学習課題追究のきっかけとなる発問など
> 　→子どもの実態把握と事前の入念な準備が必要

（宮崎　猛）

---

i　森分孝治「社会科の本質 —市民的資質教育における科学性(1)—」日本社会科教育学会『社会科教育研究』No4.1996.1，p.60

ii　Chickering, Arthur W., and Gamson, Zelda F. (1987). Seven Principles for Good Practice in Undergradvate Education. *AAHE Bulletin 39 (7)*，pp.3-7.

iii　Bonwel C, Charles., and Eison A, James., (1991). Active Learning Creating Excitement in the Classroom. *ASHE-ERIC Higher Education Report No.1.1991.*

iv　ジョン・デューイ，松野安男訳(1975)『民主主義と教育』岩波文庫，p.84

第2章　各分野の学習指導の展開

第1節　社会科学習指導の基盤

1．社会科の教科的特性と教師の専門性

　社会科はもともと学問の系統性・専門性よりも学習者の関心や生活環境を軸に学習することを期待される教科として構想されたため，その扱う範囲はきわめて広範である。いってみれば「社会のすべて」が学習の対象になるから，学ぶ側はもちろんであるが指導する側にも相当な視野の広さと見識の深さが求められる。教師が大学で専門的に探究した分野が何であれ，それは社会科という教科のほんの一部にすぎない。どの教科にもそうした課題はあるものの，社会科の範囲の広さはとくに顕著であり，教師の専門性といってもその習得が非常に困難であることがわかろう。全教科の指導を求められる小学校においては，一層その難しさが感じられる。

　社会科が扱うのは，空間的には児童・生徒の身近な環境から地球規模の問題まで，時間的には過去・現在・未来に及ぶ広範で多様な内容である。この教科を学ぶ児童・生徒は，しばしば自分が学んでいる対象が何であるか，それを学んだ先に何があるのか，迷いの中に投げ出される。そこに一定の道筋を示し，導くのは教師の大事な役目である。社会科を学ぶことにはこれだけの意味があるのだ，社会科を学べばこんなことがわかるのだということを，学年ごとに，いや単元ごとに提示し，学習を促し，児童・生徒を励まし支援していかなくてはならない。そのためにも，社会科の内容と，それを構成するさまざまな領域についての知見を十分に持ち，研究スキルを高めておかなければならない。また，学問は日々進歩し，社会も日々変化するのであるから，教員免許を取得し教師になるまでの準備はもちろんであるが，教師になってからもさらなる研鑽と研究が求められることはいうまでもない。

2．社会科の構造

　1989年版の学習指導要領以降，社会という教科が設置されるのは小学3年～中学3年の7年間に限られた。しかし，小学1・2年における生活科，高等学校における地理歴史科および公民科と密接なかかわりと内容の連続性を有していることはいうまでもない。

　小学校の社会科は，社会的事象に対する初歩的・基礎的な理解や思考を導くものである。その範囲は，3年生で自分たちの住む地域（身近な地域→市区町村），4年生で都道府県，5年生で日本の産業と国土，6年生では日本の政治，歴史，国際関係と広がっていく。中学校では，教科のサブカテゴリーとして「分野」が設定され，地理的分野，歴史的分野，公民的分野の3分野においてある程度系統的な学習を行い，それを通じて公民的資質の育成を図ろうとしている。高等学校に進むと，中学校の地理的分野および歴史的分野と関係の深い地理歴史科（地理総合，地理探究，歴史総合，日本史探究，世界史探究），公民的分野

と関係の深い公民科（公共，倫理，政治・経済）に分かれ，より専門的で深まりのある学習を求められる。現在にあっては高等学校への進学が普通といってもよい状況なので，どの学校種の教師であっても，小・中・高の全体を捉え，連続的でオープンエンドな学びの構成を意識した指導を心掛けるべきであろう。また近年では，カリキュラム・マネジメントの重要性も指摘されるようになっている。社会科のみならず他の教科や領域などを含めた教育課程の全容を把握し，それが全体として有機的に機能するような運用を目指すことが必要とされる。中学校・高校では，教師はときに自身の担当教科の中で意識を完結させてしまいがちだが，生徒にとっての社会科は教育課程の中の一つなのであり，また将来へ向けての学びの一部分にすぎない。そのことからも，指導計画や実際の授業に際して前後の学年や学校種の学習を視野の外に置くのは誤りであるといえる。

3. 社会科学習の条件

　社会科の指導にあたっては，(1)児童・生徒の生活環境および学習環境，(2)児童・生徒の発達段階，(3)学習対象たる「社会」の実情や課題，(4)学習を支える親学問などの動向，といった点に留意することが必要である。それらはいずれも定式的にいうことのできないものであるが，積極的に多様性と動態を捉えることを常に意識しておきたい。

　社会科の対象たる「社会」は大きな変化の渦中にある。この一世代ほどの間に，まったく想定しなかったような状況が現出した。少子高齢化，IT化，グローバル化といった事態がそうであるし，中国やインド，アジア諸国の急激な経済成長，生命にかかわる科学・技術の著しい発達，地球環境の悪化，資源・エネルギー問題や人口・食料問題の深刻化など，その複雑さと変化の度合いの大きさは驚くほど顕著である。このことは，あるときに「よい授業」だったものが短期間に陳腐化ないし無意味化しかねないことを示しているのではないだろうか。「社会」が動的なものであり常に変化していることを認識して，最新の動向を捉えるよう努めるべきであることを，教師は再確認するべきであろう。

　社会変化は，そこで生まれ育つ子どものあり方にも変化をもたらす。少子化が同年齢集団での遊びを後退させ，都市化が自然の遊び場を奪い，IT化がコミュニケーションや学習・遊びのあり方を変化させ，消費化が幼いうちからの消費生活を定着させ，「学校化」の進行と就学期間の長期化が学習の目的をあいまいにさせた。さらに，機械化や少子化に伴って家事などの手伝いをする機会が減少し，産業構造の変化に伴って「仕事」や社会生活が学校での学習内容とかけ離れていっている点にも注目しなければならない。子どもは，生活実感を十分に持てないまま成長し，しかし消費意欲は大人と同等かそれ以上に旺盛な存在に育っていく。スマートフォンという小さな機械が，それらさまざまな変化の結節点になってさえいる。社会科の学習指導は，「常識」や思い込み，教師自身の経験などをいったん突き放して，児童・生徒の側の状況を丁寧に観察するところから始まらなければならないだろう。

　IT化の進展により，小中学生であっても高度で広範な情報を得ることが難しくな

っている。しかし，彼らが真に有益な情報を得ているかといえば，疑問が残る。むしろ仲間同士のコミュニケーションや自分本位の消費的な情報収集，オンラインゲーム，ネットショッピングなどがほとんどで，肝心の「社会」についての関心は後退しつつあるといえなくもない。日本社会がそれなりに豊かになって貧困や窮乏といった事態が遠のき，社会を知ってそれをどうにか改善しようという意思・意欲が薄れてしまったこと，いわゆる受験勉強が学習の標準となってしまい，親も子も（教師も）学習を単なる方便とみなして，それが生活や人生にもたらす意味など考慮しなくなりがちであることも，残念ながら事実であろう。実際に教職に就いたのちの，社会変化と児童・生徒のコンディションの変化に対する観察は，社会科の指導方法だけでなく，学習内容についての見識を深めるためにも重要かつ有効であるといえよう。

4．授業計画の前に

　基本的にすべての教科を指導する小学校と，教科担任制を採用する中学校とでは，当然のことに教師の関心の範囲や専門性のあり方が異なる。一般には，小学校で発達や集団性などの児童理解や学習指導上の方法・技術が，中学校では教科の学習内容に関する専門的知見や青年期の理解などが，それぞれの教師の特性として指摘される。ただ，本書の主題である社会科に関していえば，いわゆる教科専門性のあり方に，小・中間の本質的な違いはない。なぜなら，そこで学ばれる「社会」や「人間」は同一のものであり，例えば小学生の学習用にしつらえられた「社会」など存在するはずがないからである。その点では，教科などの枠組が変わったとしても高校・大学での学習や専門家の研究も，対象そのものに違いはないのである。違いがあるとすれば，学習者（児童・生徒）の発達段階や既得知識，社会経験の質・量，社会への関心のあり方などであろう。

　以下の各項では，小中学校の社会科の内容を，いわゆる親学問や関連諸分野の方法論との関係を中心に，ややアカデミックに考察する。児童・生徒に学習させる内容がたとえ簡略化し対象を狭めたものであったとしても，指導する教師の側が「その先」にある専門性を有していないかぎり，いい加減で無責任な指導に堕する危険性がある。また，大学における教員養成の中では，時間的・物理的および学生の能力的な制約から，社会科各分野に関する専門性の習得が十分に行われないのはやむをえないことである。学校現場に出て指導にあたりつつ，絶えず研修して自らの教科専門性を研磨することが，教科を指導する者にとっての使命である。

第2部｜理論編　授業づくりの方法

第2節　地理的内容の学習指導

1．地理学習の基本構想

　地理は，日本でも古くから学ばれている領域であるが，その意義や学習の性格について十分に理解されているとはいいがたい。とくに，地理を「暗記もの」だとする感覚は不幸にも広く共有されている。また，小学校社会は前述のように学習対象を徐々に広げていく方針を採っており，そうした空間的な広がりは当然のことに地理学的な思考と重なるはずであるが，実際には対象が地理的空間であっても地理学的に考察される機会は多くない。

　中学校の地理的分野は，2017年版学習指導要領（以下，学習指導要領）において，A 世界と日本の地域構成，B 世界の様々な地域，C 日本の様々な地域という大項目に整理され，A→C の順で学習することが指示されている。A は新たに設定された大項目であり，地理的な思考や探究に先立って「地理的認識を深める際の座標軸のような役割」を果たすとされる（中学校学習指導要領解説　社会編）。続く B と C は，それぞれ系統地理的な学習と地誌的な学習の双方を含むが，B の世界編で系統地理が，C の日本編で地誌がより重視される。特に，比較的身近で可視的である日本の場合，地域調査の手法やそれを通した思考・判断などを求めていることに留意したい。

　学習指導要領では，全体を通して，教科ごとの見方・考え方の習得に重きが置かれている。そこで地理的な見方・考え方ということになるが，歴史の学習と歴史学の方法がしばしば乖離するのに対して，地理の学習と地理学の方法は非常に親和性が高い。そのため，地理学の方法を習得することが地理の指導にとって直接的な意味を持つのである。一般に，地理学的な方法は，系統地理と地誌に大別される。以下，小中学校の学習課題に沿って，それぞれの特徴を見ることにしよう。

2．系統地理的な単元の学習

　系統地理は，地域の特色やそれを生み出すメカニズムを系統的に整理する考え方である。系統地理では各地域の個別的な現象の共通性を強く意識し，政治・経済・文化・社会生活・自然環境といった分野の専門的考察と関連付けて整理するもので，人文地理（経済・産業・人口・都市・村落・文化・交通・宗教・言語など）と自然地理（地形・植生・気候・海洋など）に区分される。具体的な地域を設定して掘り下げる地誌の学習に対し，系統地理は理論的で抽象的な面が強いため，ある種の学びにくさがある。しかし系統地理と地誌は地理的な思考の両輪であり，地誌的な学習に際しても，他地域との類似や相違をよく対比させ，系統地理的な関心も少しずつ育んでいくことが求められる。

　小学校社会では，歴史や公民を含めて方法論的に分化されておらず，系統地理的な考察が要求される場面は少ない。しかし，例えば5年生の学習において，各産業の発達と地域的背景との関係や，日本全体を視野に入れた国土学習を行う際に，教師の側の系統地理的な素養が反映されることになろう。この視点を欠いたまま地域の学習を進めると，自分た

55

ちの地域の長所をことさらに持ち上げたり，児童を限られた知識の中に閉じ込めてその中で結論を導くように促すといった弊を生じかねない。グローバル化する世界とそこにおける自分たちの社会生活を理解するためには，地域を越えた系統性（一般的傾向や共通点）を捉えることが重要なのである。小中学校では，具体的な地域の事象と系統性の間を往復するような学びが有効となる。

3．地誌的な単元の学習

　地誌は，各地域の実際の特色とそれを生み出した構造を分析するもので，どちらかといえば共通性に注目する系統地理に対して，各地域の個性や多様性を描き出す手法といえる。学習指導要領では，A 世界と日本の地域構成において，世界については大陸と海洋，主要国の名称と位置などを大観させ，日本については国土の客観的な位置に加えて都道府県の位置・名称と都道府県庁所在地名も知識として学ぶとしている。世界・日本とも，児童・生徒はともすれば地名と位置を覚えることに躍起になり，教師もまたそれに振り回されてしまうことがある。内容を伴わない地名の暗記はむしろ学習者の関心を遠ざけることにもつながりかねないので注意が必要であろう。真に重要なのは，B 世界の様々な地域，C 日本の様々な地域において，各地域の特色を掘り下げ，背景や原因，相互関係などに関心を持たせることである。世界地誌について学習指導要領は，「人々の生活の様子」を重視する。取り上げる地域の情報が過多になると，それぞれのつながりへの思考がおざなりになり，肝心の地域的特色の考察が薄らいでしまう。小中学校段階では既習事項がまだ少ないので，地図帳や写真・映像資料などを用いて各地域の特色を体感させ，関心を広げていくことが望まれる。

　地誌学習の考え方として，対象とする地域の規模に応じて，分析の手法や扱うテーマ，参照する資料などが変化する。身近な地域，区市町村，都道府県，国，州と，対象が変わるたびに，学習の方法を確実に獲得させていきたい。

4．授業の計画と展開

　地理の学習では，各単元の指導（学習）目標をより緻密に設定することが望まれる。系統地理的な単元の場合，取り上げられる地域にかかわる知識や情報はあくまで事例であるのに，例えば「人口」の事例としてインドを取り上げる単元で，「インドの人口増加が生じる原因を理解させる」といった目標の取り違えがしばしば起きる。インドはあくまで事例であり，その検討を通して，世界全体あるいは途上国，新興経済国における人口問題の共通した構造を捉えることが真のねらいであるべきである。一方，地誌的な単元では，教師自身の先入観や思い込みにより，当該地域に関するステレオタイプな認識や不当に否定的な評価へと誘導してしまうこともある。近年では，インターネットにより画像や動画を含む多様な情報を容易に入手できるようになったが，とくに日本語のサイトでは極端な例や日本人の直接的な興味をひきやすい情報が目立ち，地域的特色や人々の生活の様子などを

必ずしも適切に反映しないものであることも多い。児童・生徒に対してそうした指導を行うことはもちろんであるが，まずは教師自身の教材研究において細心の注意が必要である。世界や日本のあらゆる地域に精通する人というのはめったにいない。地誌の学習では，直接知らない地域や，日ごろ関心を向けにくい地域も対象となる。グローバル化の時代にあっては，そのような地域についても関心を深める機会が増えるし，またそのような学習の可能性があるのだということを意識して，情報の選択とそれを通した思考・判断ということについて考えておきたい。

地理学習では多様性への気付きが重要な意味を持つが，そのためには多くの情報の獲得とさまざまな角度からの分析が不可欠である。ごく限られた知識の範囲で「私たちが地域にできることは何か考えてみましょう」などと導くのは危険である。児童・生徒の直接経験できる範囲が大きくないからこそ，対象を少しずつ広げ，知識を増やし，想像力を外側に拡張することを目指しているのだから，「考えてみる」前の段階をもっと重視するべきであろう。指導目標の再確認により，授業の内容を立体化し，学習の質を高めることを期したい。

地理の授業では，教科書以外に様々な教材・教具を用いることが普通である。地図は必須であるが，児童・生徒の手許にある地図帳，教師が用意して配付する地形図や白地図，教壇に掲げる掛図，各種ソフトや映像資料など，学習の目的や効果を考慮して準備しよう。地図の投影法の知識そのものは高校の内容であるが，教師は指導に際して，学習のテーマに即した地図を選択しなければならない。例えば，地球全体を視野に入れた分布図を白地図で作業させる際に，緯度により面積が大きく違って表現されるメルカトル図法は不適切である。身近な地域や区市町村レベルの学習を離れ，日本全体や世界規模の問題を取り上げる際には，地球儀を併用して児童・生徒の感覚をより適切な方向へ導くことも大切である。

社会科の学習は，教科書本文の説明を追いかけるだけでは授業が成立しにくいが，地理では特にそれが言える。抽象的な事柄は地図の利用や事例の紹介を通して具体的・可視的なかたちに開き，具体的な事例は教科書本文などを用いてまとめるといったことも必要である。小学校社会では児童の活動を取り入れた授業が多くなるが，考察や提案を地理的な語彙と結び付け，文字化してまとめておくとよい。次時以降へのつながりだけでなく，中学校以降への接続にとって有益な整理を可能にするからである。なお，小中学校を問わず，「環境のために一人ひとりがよく考えて行動する」「争いを憎む気持ちを大切にする」といった道徳的な点に終始する整理がよくみられる。それらは学習目標の一つであってもよいが，すべてであってはならない。小中学生時代の心情は大切にしつつも，やがて一人の大人として社会で生活していく際に，適切に情報を得て思考し，行動するために有用な方法やプロセスを得させることが学習の中心になるべきだからである。

第3節　歴史的内容の学習指導

・・

1. 歴史学習の基本構想

　歴史を学ぶことには古来より様々な意味を見出せるが，義務教育というかたちで「全国民」を対象にした学校で歴史を教えるというあり方は，近代国家の出現とともに始まった新しい現象である。したがってその内容は，(1)自国の歴史を中心としたものになり，(2)通史的になり，(3)ときに高度な政治性をはらむことにもなる。

　小学校3〜5年生で地域や国土について学ぶ際，また中学校で地理や公民を扱う際にも，ある程度の時間的な背景を視野に入れて学習することは当然であるが，ここで歴史学習というのは，小学校6年生における歴史の学習（学習指導要領の内容の(2)）と，中学校における歴史的分野を想定している。このいずれも，前述の(1)〜(3)の性格を有している。通史的，すなわち古い時代から新しい時代，そして現代へと通時的に学んでいく方法は，歴史学習においては当然視されることが多いが，児童・生徒の興味や関心とのずれが大きくなることを避けられないし，一定の時間内（中学校歴史的分野であれば135時間－平成29年告示）に現代に到達しなければならないという厳しい制約が生じる。各時代を均質的に扱おうとすれば内容が薄くなるし，児童・生徒の関心や意欲を引き込んでじっくり扱えば時間が不足する。通史は，「どこまで指導したか」という教師側のスケジュール管理の結果が，量的には明確になりやすい学習方法ともいえる。一方で，「何ができるようになるか」と児童・生徒側の習得や成長に重きを置く学習指導要領の理念に沿うならば，古代→現代という進行を急ぐあまり，ほとんど何も得られず，歴史的な見方・考え方も身に付かないという事態は避けなければならない。また，歴史が好きだ，歴史に興味があるという人の多くは，授業で通史的に学んだことではなく，テレビ・映画・雑誌・書籍・マンガ・ゲームなどをきっかけに特定の時代や人物に関心を持ち，そこから前後左右に視野を広げて歴史そのものを見る目を養っている。インターネットなどのメディアを含め「歴史を学ぶ」ことの全体像の中に，小中学校での学習指導も位置付けなければならないだろう。

2. 日本史の学習

　小学校6年生の歴史学習は，「我が国の歴史」すなわち日本史を対象とする。中学校の歴史的分野も，「世界の歴史を背景に」としつつ「我が国の歴史の大きな流れ」を学ばせることになっており，基本的に日本史を軸としているとみてよい。日本の通史を2巡して学ぶことになり，高校地理歴史科の歴史総合や日本史探究を含めればさらに学習経験が「上書き」される。その間に，関心に基づいて既得知識を掘り下げ，より詳細な事象について深めるといった重層的な学習が可能になる。このような性格の教科・科目は他になく，日本の歴史を学ぶことの重要性とその特殊性を見て取ることができるだろう。こうした観点から，初めて日本通史に触れる小学校では，人物や文化遺産といった比較的捉えやすい対象を手がかりにして歴史の中へ入り込むことへの関心を喚起することが重要であり，中

学校の歴史的分野では，それを明確な通史として整理し，日本史の基本的な枠組となる知識や考え方を獲得することが求められる。

　島国でありアジア大陸の歴史からある程度完結した歴史を有する日本では，自国史である「日本史」と，それ以外を指す「外国史」を意識の中で区別しやすい。しかし，対象となる「日本」は必ずしも明確とはいえない面を持っている。例えば，北海道や南西諸島は「日本史」と深いかかわりを持ちながらも，近代に入るまではそれぞれ別の歴史を歩んできた。古代にまで遡れば，畿内に拠点を置く朝廷が，周縁部にいて自立している勢力を討伐するといった事柄が，中学校レベルの内容にも散見される。「日本」という範囲を現在の国境で区切って考えてしまうと，坂上田村麻呂の東北地方への軍事行動や奥州藤原氏の繁栄を説明できないし，近代に入ってすぐに中国やロシアとの間で「国境」を画定する作業に取り組んだことの意味がわからなくなる。さらにいえば，特に近代以前は，日本列島全体が均質な歴史を歩んだとはいいがたく，教科書レベルで叙述されていることの大半は，畿内や関東などに拠る「中央政府」の動向にかかわることである。指導する側は，「日本史」の地理的な範囲を自明視することのないように注意しておきたい。

3. 歴史学習における「時代」の扱い

　歴史学習において時代区分の存在を欠くことはできない。ここでいう時代とは，何らかの基準により社会制度や生活環境，文化状況などに共通点を持つ，時間的に連続性を有するまとまりのことである。人物学習を主にする小学校では，一見すると時代区分を重視していないように思えるが，学習指導要領が例示する人物にはそれぞれの時代を特徴付けるものが選ばれており，また教科書のレベルでは大きな時代ごとに単元を区切って叙述されるのが普通であって，実際には中学校との連続において日本史の時代区分を学ばせる構造になっているといってよい。中学校では，「我が国の歴史の大きな流れ」を「各時代の特色を踏まえて理解」させ，時代区分そのものよりもそれを通して歴史の全体像を大観することが重視される。この際，「各時代の特色」すなわち政治・経済・社会・文化などの事象の現れ方を通して「○○時代らしさ」を捉えさせることが非常に重要になってくる。

　一般によく知られ，小中学校の歴史学習でも中心となるのが，政権の所在地を中心とする時代区分である。大和・奈良・平安・鎌倉・室町・安土桃山・江戸時代というのがそれである。これに，考古時代である旧石器・縄文・弥生・古墳時代と，元号をもとにした近代の明治・大正・昭和・平成時代を加え，室町時代の亜種といえる南北朝・戦国時代を適宜盛り込むことが多い。しかし，古代・中世・近世・近代（・現代）といった大局的な区分が用いられることもしばしばあるし，飛鳥・天平・国風・北山・東山・元禄・化政といった文化史的な区分や，近代においては「1960年代」「第二次世界大戦前」「明治後期」といった表現もよく用いられる。指導する側にとっては当たり前のことであっても，児童・生徒にとっては，何を基準にしたどういう時代なのかがわからないまま話が進んでしまうということが起こってしまいがちである。歴史の指導にあたっては，年表（教科書や資料

集に付いているものや，児童・生徒に自作させたもの）を頻繁に活用して，いま進行中の話題が何年ころなのか（絶対的感覚），何時代と何時代の間に位置するのか（相対的感覚）という点を常に意識させ，確認させるようにしておきたい。

時代区分はあくまで便宜的なものである。「何年から何年までが○○時代」という捉え方は，全体像の「大観」のために入門時にはあってもよいが，それに固着すれば歴史のステレオタイプで一面的な解釈，ひいては丸暗記式の学習につながる恐れもあるので，時に応じて複数の考え方を提示したり，時代と時代の境界（時代の「移行」）を丁寧に扱ったりすることで，歴史世界を立体的に捉えられるように導きたい。

4. 外国史・世界史の学習

小学校の歴史学習では，遣唐使や蒙古襲来，近代の戦争など日本がかかわる事象に限って外国史の知識が断片的に取り上げられる。一方中学校では，「近世までの日本とアジア」「近現代の日本と世界」という大項目が立てられ，現代に近づくほど，より広い視野のもとに日本の歴史を位置付けることが求められている。ただし，高校の世界史と異なり，外国史・世界史が一つの大きな流れとしてとらえられる機会はほとんどない。ただ，指導する側としては，世界史の専門的知見は当然に備えておくべきものである。社会科の授業において，児童・生徒が社会経験の未熟さや視野の狭さから，他国・他民族を侮蔑したり，極端に偏った世界観を示したりする際には，教師が敢然として修正しなくてはならない。また，グローバル化の急速な進展に伴い，外国や世界全体に関する知見や認識を深めることは将来の社会生活にかかわる問題になってきているし，児童・生徒自身がやがて外国で生活したり，外国出身者と生活をともにしたりする機会もいっそう増えるだろう。授業におけるメインの題材にはなりえなくても，教師の持つ世界史的な視野が，児童・生徒の学習を大いに支えるものになっていくことが理想である。

5. 文化史の学習

小学校では文化遺産学習や文化的事象にかかわる人物の学習，中学校では各時代の文化の学習が取り組まれる。文化は人間が社会生活を営む上で最も人間らしい面を刻むことでもあり，各時代の人間が到達した極みでもあるので，歴史を学ぶ上では最も重視されてしかるべきことである。だが実際には，政治史・経済史の学習に追われて文化史を学ぶ余裕がなくなり，「試験前に覚えておきなさい」というような短絡を起こしがちである。文化こそ深みや広がりをもって学ばれるべきなのに，「東山文化→銀閣，わびさび」「化政文化は大衆的で退廃的」などと極端に単純化され，しばしばそれが意味をほとんど持たないキーワードとして児童・生徒に刷り込まれることもある。

文化史の軽視は，中学校・高校で特に顕著である。歴史が好きで歴史の教師になった者は政治史や社会経済史を専門にすることが多く，文学や芸術はむしろ不得意というケースも少なくない。教師自ら，文芸や思想に日ごろから目を向けることはもちろんだが，国語・

英語・家庭・図工(美術)・音楽などの教科や，特別活動における遠足・修学旅行などとの有機的な関連を持たせた計画を立てて，児童・生徒の文化的関心を引きつけるための手立てを考えておくことが必要であろう。美術館など施設や映像資料の活用も不可欠である。当該分野により詳しい専門家の指導を仰ぐことも必要になってくるだろう。

6. 授業の計画と展開

　歴史学習では，対象が「過去」という不可視のものであり，児童・生徒の想像が及びにくいものでもあるため，学びの場へと引き込むための仕掛けや工夫がとくに必要となる。画像・動画資料や歴史地図の活用を積極的に行うようにしたい。2017年版の中学校学習指導要領では，歴史的分野の大項目として「歴史との対話」が新たに盛り込まれた。前述の時代区分を含めた歴史学習の枠組と意義をまず押さえてから，通史学習に入ることが求められるようになったのである。また，小学校での学習内容を復習しつつ中学校の内容を展望することや，身近な地域の歴史への関心を引き出して歴史を学ぶ意義を確認することなども求められている。小中高を通じて多層的に学ぶ分野であるからこそ，学校種間の接続ということを十分に考慮していくべきであろう。

　小学校では，ロールプレイや新聞づくりといった活動を通じて歴史に親しませる学習がしばしば行われる。このとき，客観的な知識の獲得が不十分だと，「現代」の「子ども」のきわめて限定的な視野で何かを提案して終わり，ということになり，「過去」の「大人の社会」を学ぶ意義が急減してしまう。児童の調べ学習への十分な支援や，討論や発表を受けての教師のフォローが重要な意味を持ってくるといえるだろう。一方，中学生は自己のアイデンティティを形成する途上にあり，生き方や社会の実相に深い関心を持ちはじめる年代でもある。歴史の授業を単なる過去の情報の伝達に終わらせず，無数の人間の生きた跡であるというところへ生徒を引きつけられれば，共感や反発といった感覚を通して主体的な学習へと導くことができるであろう。

第４節　公民的内容の学習指導

1. 公民学習の基本構想

　社会科自体が「公民としての資質・能力」の育成を目標としていることからもわかるように，公民学習は教科の中核を担う分野といえる。3・4年生の主な学習対象となる地域社会，5年生の産業は，そこでの人々や社会組織の活動を知り，社会参加の自覚を持つというねらいが明確になっている点で，公民学習の要素が強いものである。また，6年生の政治・国際社会の学習は，身近な地域を題材に思考してきた「社会」を，憲法や政治制度の初歩的な学習を通じて捉えなおし，小学校での社会科学習の総括にもなる部分である。中学校の公民的分野では，日本の政治・経済を中心に社会の成り立ちやそこでの人々のはたらきなどを学び，主権者としてそこに参画する各自の意識化へとつなぐことが目指される。

　実際の「社会」は相当に複雑で，成人であっても基本的な知識や考え方が不十分であるケースは珍しくない。加えて，就学期間の長期化や生活実感からの遊離などにより，小中学生にとっては学習意欲を持ちにくい分野でもある。地理・歴史を学ぶ中学校1・2年生が公民的な内容に直接触れる機会がないことも，学習のつながりや問題意識の連続的な醸成といった面で難しい条件となる。そこで，(1)「社会」の中に常に「自分（たち）」の存在を意識し，自らの足許と教科の学習内容とが「地続き」であることをたびたび振り返ること，(2)これまで述べてきた地理や歴史の学習を含めて教科を全体的に捉え，内容相互の結び付きや関連を意識すること，(3)自分たちの LIFE（生活・生き方）に引き寄せて思考すること，などを強く意識した計画が求められよう。公民学習は，新聞・テレビ・インターネットなどのメディアを通した社会情勢への関心の持ち方，家族や友人間での議論など，児童・生徒の日常生活における取り組みにも強く規定される分野である。指導にあたっては，そうした主体的な取り組みへの意欲を喚起すると同時に，環境に恵まれない児童・生徒へのバックアップやフォローを心がけておきたい。

2. 現代の社会変化を捉える学習

　中学校の公民的分野では，「私たちと現代社会」として，少子高齢化やグローバル化，IT 化，生活様式の変化といった社会変化を軸に，現代社会を自分たちの問題として考えることが求められる。この大単元は，公民的分野全体の導入にあたると同時に，義務教育段階における社会科学習の中間まとめでもある。小学校では社会変化を直接の学習対象とする機会はほとんどないが，指導する側は常にこの視点を持ち，児童の関心を少しずつそこへ向けるような配慮をしておきたい。社会変化の視点を欠く「社会」の学習はリアリティを失い，悪い意味で定式化して，学習のための学習に陥ってしまうリスクをはらむのである。

　しかし，社会変化を正確かつ多面的に捉えることは，児童・生徒はもとより教師にとっても困難なことである。「社会」への関心を抱きはじめたばかりの小中学生にとって，10年を超える時間を捉えて「変化」という感覚は持ちようがないし，その渦中で育ってきた

第２部｜理論編　授業づくりの方法

若い教師や大学生にとっても同様の問題が残るのである。そこで，小中学校を問わず，ある程度数値化して考える方法（IT 化でいえば携帯電話の普及率の推移など），家族や教師，地域の人たちなど身近な大人にインタビューして時期ごとの生活環境や社会のあり方の違いを浮き出させる方法，古い時期の新聞・書籍・映像などを通じて当時の感覚や生活様式などを理解する方法を組み合わせ，「何がどのように変化したのか」「変化に伴って，どこがよくなり，悪くなったのか」を考える機会を増やしたい。教師自身のそうした学習は，指導スキルの向上につながると同時に，児童・生徒を適切かつ効果的なソースに導くための手がかりを得ることにもなるのである。ただ，「変化のよい面と悪い面を整理しよう」といった二分法的思考にひそむ問題には留意しておきたい。刃物は「よく切れる」からこそ「よい」のであり「危険」でもある。同様に，IT 化やグローバル化，科学技術の進展といった変化も，プラスと考えられる部分が同時にマイナスの原因にもなる。インターネットの普及もあり外国の食材や衣料品を安く入手できるようになり，ユーザーとしては便利で快適に思えるのだが，それは同時に自分たちの雇用機会を奪うことでもある。こうした変化の状況は教師がキャリアを重ねる間にも刻々と変わっていくので，教師自身の社会観察と学問的な社会認識がますます不可欠となる。中学校のこの単元では，対立・合意・効率・公正といった概念を通じて現代社会を理解することも強調されている。公民的分野の背景としての政治学・法律学・経済学・社会学・倫理学などの知見を深め，低次元の体験論や心がけ論で終わらせないようにしたい。

3. 政治の学習

　小学校 6 年生の政治学習は，日本国憲法の基本原則や三権の機能，国や地方公共団体の政治を軸とする。かなり包括的で本質にかかわる事柄であるので，知識項目の羅列に陥らないように配慮しながら，児童が自分の言葉でこうした政治的事象を表現できるように導きたい。ここでの学習は，中学校の公民的分野のみならず，地理や歴史を学ぶ際の前提にもなることを意識すべきである。

　中学校の公民的分野では，「人間の尊重と日本国憲法の基本的原則」および「民主政治と政治参加」が学習の軸となる。これらの分野では，用語や概念が格段に難しくなり，非日常的なものになりがちである。また多くの中学生は生活や生産といった社会の実際的場面に直面する機会が少なく，メディアなどを通して得られる情報も実感を伴わないものが大半であろう。その一方で，近年では主権者教育の考え方が重視されるようになっていること，インターネット特に SNS の普及に伴って，中学生といえども「社会」に直結するようになっていることなどを考えるならば，学習を通して得られる社会の見方・考え方や基本的な知識が「試験用の暗記」であっては絶対にならず，真に自己を社会の中に位置付け，社会を主体的に思考するためのものにならなくてはならない。授業では，常に身近な生活や具体的場面と結び付けながら想像力を喚起するような指導が不可欠である。民主主義であれ人権であれ，それらが失われたり，保障が不十分であるような具体的場面を知る

63

ことで抽象的だった概念に迫りやすくなる。そうした学習を通じて，理念的・概念的・抽象的に物事を表現し思考することの意味を逆に体感することにもなる。小学生から中学生，そして高校生へと成長していく中で，具体的思考にのみ拠ることの限界を知り，学習を高次化することを習慣化していく必要があるのである。教師は，生徒個々人の様子や理解度を把握しつつ，そうした支援を常に行いたい。

4．経済の学習

　小学校の経済学習は，3・4年生の地域社会，5年生の産業の学習を通じて「社会生活」に一体化して行われるが，6年生では政治学習の一環として「租税」を軸とした財政を扱う。中学校の公民的分野では，生活・暮らしという視点を据えつつも，生産・消費と市場のはたらき（家計や企業の経済活動），財政（政府の経済活動）といった事象をある程度系統的に扱うことになる。指導に際して，ミクロ・マクロの両面で経済学的な視点を求められる部分である。

　経済学習は，用語・概念が専門的で入門者には接近しにくい，価格機構や金融・財政政策による景気調整などパターンの理論化が煩雑である，生徒が社会生活の現場から遊離しがちで学習内容にリアリティを感じにくい，といった困難を常にはらむ。しかし，関心を持って取り組みいったん壁を越えると，政治や国際関係はもちろん地理や歴史についての理解も一挙に加速するという性質も内包される。そこで，獲得された用語・概念や理論を具体的場面や既知の事柄に適用する作業を繰り返し，経済を学ぶこと自体の意義を大観させることが何より重要になってくる。経済というテーマは，実は中学生にとって最も身近なものでもある。コンビニエンスストアで買い物をする，スマートフォンで有料コンテンツをダウンロードしたりオンラインショッピングをしたりするといった行為は，自覚がなくとも経済活動に参加していることにほかならない。近年は，ネットトラブルを含む消費者問題や「ブラックバイト」などでも注目される労働・雇用問題といったテーマも存在する。「社会」の学習は，そこで生活し生きていく生徒自身の課題を見つけるものでもある。進路・キャリア学習との有機的な結び付きや，家庭科などとの連携を通じた生活力向上のための学習を念頭に置いて授業を計画したい。

5．国際社会の学習

　6学年の最後に登場する国際社会学習は，小学校における社会科学習の成果を踏まえて取り組まれ，中学校の地理・歴史・公民への橋渡しをも担う重要な単元である。大半の児童の視野や関心の範囲を大きく越えるものだけに，網羅的・抽象的な話に終始しないようにしておきたい。このうち「つながりが深い国の人々の生活の様子」は，日本との関係を重視しながらいくつかの国を調べ，国際社会が決して縁遠いものではなく自分たちの生活と密接なかかわりを持つ存在であることを学ぶもので，地理学習のところで指摘した視点をも取り込んで計画する。国際交流・国際協力・国際連合の学習では，世界の一体化や相

互性の一端に触れ，これまで学んできた日本社会の先に，より大きな国際社会を捉え，そこにおける日本および日本人の役割などについて認識を深めることになる。

　中学校の公民的分野でも，国際社会学習は最後の単元になっている。公民はもとより地理・歴史の学習や他の教科などでの学習成果を取り込んで，国際社会の成り立ちや様々な課題を学ぶことが目指される。地球環境，人口・食料，資源・エネルギー，民族・宗教，国際平和，持続可能性といった地球的課題は，前述のグローバル化やIT化という問題とあいまって，人類全体の未来にかかわる重大事であり，こののち高校の地理歴史科・公民科でもたびたび取り上げられることになる。もとより中学生の認識がそれら全体に及ぶことは不可能であるし，「どうすれば解決できるか考えよう」といって答えを出せるような性質のテーマでもない。義務教育終了のこの段階では，問題の所在を知ること，その背景や構造に関心を持つこと，解決を目指して実際に取り組まれている行動や活動に注目すること，そしてそれらを学習している自分たちの生活や，今後の生き方がどのように位置付けられ，かかわっているかを主体的に考察することが重要になるであろう。

6. 授業の計画と展開

　公民は，用語の羅列・暗記に陥りやすく，それをしたとしても社会の像を再構成しがたい点で，地理・歴史以上に形式的で淡白な学習に陥りやすい面を持つ。そこで，指導（学習）目標を児童・生徒の実情や社会的課題に即して具体的に掲げ，次のような視点を持って授業計画に取り組みたい。

　社会科の学習そのものは総合学としての性格が強く，社会科学系統にのみ依拠するものではないが，指導する側にこの視点が欠けると，いたずらに情緒的・感傷的あるいは低次元の体験論などでまとめて満足してしまうことになる。「一人ひとりにできること」を考えることは大事だが，その先に「一人ひとりが社会とかかわることによって可能になること」を見なければ，「社会」を学ぶ意味が半減する。そこには，児童・生徒の日常生活からだけでは到達しにくい社会科学的な論理があるのであり，それを学ぶことがすなわち「一人ひとり」の生活や生き方にかかわってくるのだということに，学習を通じて気付かせたい。

　公民では，教師の説明や手元の教科書・教材だけを頼りに学んでも成果は薄く，視野が広がらない。学習環境の整備，特に調査手法やソースの確保が重要である。また，社会科の学習は児童・生徒の現在そして未来の生活と有機的に結び付いてこそ実りをもたらすものである。公民学習は特にその面を持つ。もとより，小中学生が社会科の学習を通じてすべてを理解し解決するということはありえない。やがて自立して大人として社会生活を営んでいくとき，社会科で学んだ視野や考え方，手法などを各自の問題意識に基づいて援用できるようになることこそが本質的な目的である。児童・生徒の生活実感に根ざした生の声を聞き出し，クラスメートや学校の仲間，そしてその向こう側にいる無数の人たちと社会を形づくることを「自分の問題」として内面化させることに全力を傾注したい。

（古賀　毅）

第3章 指導計画と学習指導案

第1節 年間指導計画

1. 指導計画の意義

　家庭教育や地域社会の教育と比較した際に際立つ学校教育の特徴は，教育が計画的・組織的に実施される点である。したがって，学校教育の中で最もウェイトの置かれる教科の学習指導(授業)は，入念な計画の立案とその実行，評価というサイクルを常に意識して取り組まれなければならない。もちろん，計画どおりに進行しない(できない)ケースも多く，計画どおりに行かないことでプラスの展開を見せることも少なからずあるが，それは計画の不要を意味しない。むしろそうした実践の経験の中で教師の計画立案能力が鍛えられていくし，組織としての学校にそれら個々の経験が集積され，結果として学校や教師の教育力が高まっていく。

　実施(実践)に先立つ計画の立案は，企業や社会集団では当然の作業であり，学校も例外ではない。ただ，学校教育の場合は，(1)学年・学期といった時間の区分が独特であり，それ自体を動かしがたいこと，(2)目標や評価規準を計量(数値化)しにくいこと，(3)授業を担当する教師の独立性が相対的に高く，ある学級の授業を委ねられた場合にはベテランであれ新人教師であれ同様に指導計画を立案し，一定程度の成果を期待されること，といった特徴がある。さらに社会科に関しては，(4)真の目標が単元や学期・学年の間ではなく，学校を卒業して社会で生活するおとなになったときの学習力や態度，資質などにも向けられている点に注意が必要である。短期的には，今，この課題を内面化し一定の成果を上げられればよいということだが，長期的かつ本質的にみれば，そうした各単元・各学年の積み重ねは，児童・生徒自身の学習努力や経験とあいまって，学校や教師の指導の範囲を越えたところで実を結ぶであろう。「社会」を学ぶというこの教科の特性を考えれば当然のことである。

2. 指導計画の種類と構造

　一般に，小学校では学級担任が社会科を含む大半の教科指導を担当し，中学校では教科担任制が採られ，専門の教師が複数の学級の指導を担当する。ただし，教科指導ということに限っていえば，指導計画の構造や基本的なスタイルに大きな違いはない。いずれの場合においても，教科の目標を実現するためにどのような学習指導が採用され，編成されるかについて，時系列的に計画されるのである。

　教科の指導計画は，年間指導計画，単元指導計画，授業1コマごとの指導計画に大別され，1コマのものを学習指導案と呼ぶのが普通だったが，近年では各学校種とも単元指導計画の中に当該の1コマ(本時という)の指導を位置付け，学習指導案とするスタイルが一般的になった。学期(1～3学期または前・後期)ごとの指導計画や週単位の計画を採用す

る学校もある。また，計画の立案は前サイクルの評価と密接にかかわっている。例えば単元①の学習を進める中で児童・生徒の関心や能力，学習の速度やパターンが当初の計画における設定とずれていることがわかったのであれば，それは単元②の計画に反映され，より実現可能で有意義な計画につながらなくてはならないのである。各コマの授業はあくまで全体計画の中に位置付けられていることを見逃してはならない。また，1コマの授業ごとの評価・反省を十分に行って，自分の計画スキルや授業構想力を向上させるように努めることは，時間はかかるものの年間指導計画の精度を高めることにつながるであろう。

3．社会科の指導計画における小学校・中学校の相違

　前述のように，小学校と中学校とで指導計画の本質が異なるわけではないが，いくつかの要因により，単元の配列や配当時数の多寡，評価の方法などに次のような違いが生じる。

単元の配列：小学校でより柔軟である。小学校社会の学習は，学年進行にともなって広がり（学習対象としての「地域」の大きさなど）や深まり（抽象的・理念的・一般的なものへの導き）がみられるが，ある学年に限定していえば，その中での組み替えはさほど難しくない。地域的特色や児童の関心の所在，他教科や道徳，総合的な学習の時間，特別活動などとの関係を強くもたせることは，むしろ学習の効果を高めることになろう。例えば，社会科見学や修学旅行などの行事は，社会科の年間指導計画に強く結び付くべきである。一方，中学校では，学習内容がかなり系統化されていること，既得知識が次サイクルの学習を強く規定すること，後述する教科書の内容との結び付きの強さなどから，配列の組み替えは容易でない。特に歴史的分野では，古代から現代へと向かう時間の流れを絶対に無視できないという強い規定要因がはたらく。

単元の構造と1単元の配当時数：学習対象や学習内容の系統性に基づく単元は，一般に小学校社会では1層ないし2層，中学校社会では2層ないし3層の構造であり，最も上位の層を大単元と呼ぶことがある。中位・下位の層は中単元・小単元などと呼び，中学校では小単元が授業1コマないし2コマ分に相当すると考えてよい。小学校の場合にも下位の層は存在するが，これらは内容の系統性よりも学習のプロセスや学習活動の性質によって整理され，計画されることが多い。授業1コマの完結性は中学校でより強くなり，大単元の中で連続した流れを小学校ほどには設定しにくい。これは，知識項目が多くなり1コマごとに整理しておかなければ混乱しやすいこと，教科担任制を採っているため教師が各学級の「流れ」を把握するのが困難であること，多様な教科を学ぶ生徒自身もまた連続性を捉えにくいことなどによる。一方で，1つの単元の中で，教師による講義中心の部分，生徒の活動やメディア活用の部分，討論や発表などの部分というように授業形態に変化をもたせ，学習効果を高めることが学校種を問わず求められるようになっている。今後は中学校においても1コマ完結の傾向は相対化されていくと考えられる。

　小学校では，1単元あたりの授業時数が比較的多くなる。例えば3学期制の学校では，1・2学期にそれぞれ大単元二つずつ，3学期に一つを充てる。学習時間は70〜100時間であ

るから，大単元1つあたり10〜12時間程度になる。ただし，学年進行とともに総時数が増え，学習の構造がやや系統化されるため，5，6時間程度の単元が盛り込まれることが多い。これに対して中学校では，実質的な上位の層の単元に充てる時数は4〜8時間程度と少なくなる。系統性の他に，定期試験により規定される面が強いこと，教科書の章立てに基づいて単元計画を立てることが多いことなどによると考えられる。

教科書との関連性：文部科学省の検定を受けた教科書は，学習指導要領の規定を具体的・可視的な形にしたものであり，学習指導を進める上で一つの軸となるべきものである。小学校社会の教科書は学習のスタイルやプロセスを例示するという意味合いが強く，実際の授業は児童の居住する地域の事例に置き換えて学ぶため，中学校社会や小学校の算数・理科などと比べて依存度が高くない。中学校においても，教師が専門性や創造性を発揮して教科書の内容から離れることがあり，意欲的で熱心な教師ほど教科書の記述を重視しない傾向がある。だが，教科書はある種の基準性をもっており，児童・生徒が授業の外で自習する際の重要な材料になるものであり，これを軽視するのは適切でない。年間指導計画と教科書の構成との距離が当初から見込まれる場合には，その関連性や自習の基準を指導計画に盛り込んでおくべきである。中学校社会は，3分野いずれにおいても教科書の構成を基にした計画が一般的で，章・節・項がそのまま大単元・中単元・小単元になることも珍しくない。最近の中学校教科書は，おおむね見開き2ページが授業1コマに相当するものとして編集されているが，学習の速度や展開の方向，重点化すべき箇所などはそれぞれ異なるので，教科書の目次をそのまま指導計画にすればよいわけではない。

4. 年間指導計画

　年間指導計画は，各学校で定める1年間の教育活動に沿って年度当初に作成される。まず，1年間に学ぶべき大単元を選び出して配列し，大まかな時間的な見通しを立て，その後により詳細な単元配列と時数配当（各単元に何時間ずつを割り当てるか）を設定することになる。その際の考慮事項として，(1)学習指導要領，(2)学校の教育目標・方針，(3)教科書，(4)前年度までの学習経過と既得知識などの状況，(5)同学年他学級との調整，(6)他教科，道徳の時間，総合的な学習の時間，特別活動（とくに学校行事）などとの関連付け，(7)中学校においては定期試験までの学習の見通し，が挙げられる。時数配当はあくまで計画段階での見通しに基づくものであるから，当初予定とのずれや増減が生じた場合にクッションとなるような単元を想定しておくことも必要である。年間指導計画は，その実施状況や到達度などについて各学期の終了時点で中間評価を行い，その結果によっては次学期の計画を修正することもある。

第2部｜理論編　授業づくりの方法

◆年間指導計画の例（小学5年生　1学期分）

月	単元名	配当時数
4月 （8時間）	1　わたしたちのくらしと国土	18
	オリエンテーション	①
	1　日本は世界のどこにある？	④
	2　日本の地形と気候	③
5月 （10時間）	3　自然条件と人々のくらし	⑧
	深める	②
6月 （12時間）	2　食料生産を支える人々	25
	オリエンテーション	③
	1　米づくりのさかんな地域	⑨
7月 （7時間）	2　水産業のさかんな地域	⑦

＊『小学社会　5上』（教育出版）をもとに作成

第2節　学習指導案の作成

1. 学習指導案の意義

　これから実施する授業1コマ分の計画を記した書類のことを学習指導案と呼ぶ。授業1コマは指導計画の最小単位であるから，最も具体的かつ精緻に計画し，案上に記載しなければならない。

　学習指導案作成の第一の目的は，授業担当者本人が自分の計画を文字にして確認することで，これから行う授業の内容を事前に確定することにある。イメージや感覚などに寄りかかった授業は，教師の独りよがりに終わることが多く，指導の目標やねらいといった肝心の部分を不明確にする恐れが強い。初心者である教育実習生の場合，頭の中でイメージしたことや仲間内での模擬授業の経験が実際の教室でどこまで通用するかわからないのであるから，できるだけ具体的に計画しておき，その計画と実際とのずれをよく検証して，より適切な授業づくりへ向けてのスキルを体得する必要がある。

　第二に，学習指導案は授業の「台本」としての意味合いをもつ。実際には，児童・生徒の発言や作業の成り行きなどに伴って，授業が思いがけない方向に展開することが少なくない。授業はある種の「生き物」であるのでそれは良いことでもあるのだが，些末な部分にとらわれて本質的な学習目的から大きくそれたり，ハプニングに伴う緊張や驚きのため教師が本筋を見失ったりすれば，授業は不成功に終わり，最も大切な児童・生徒の学習を乱すことになる。学習指導案の入念な作成により，授業の局面ごとにスタンスを修正し，ねらいへ向けて出発し直すことが可能になる。「台本」とはいえ，教師がそれを見ながら説明したり，セリフまですべて事前に設定してそれを暗誦したりするような授業にしてはならない。児童・生徒は劇場の観客ではなく，ともに舞台上で活動する共演者だからである。ただし，板書計画や発問計画は事前にしっかり立てておくべきであろう。

　第三に，学習指導案は授業そのものを研究し，評価する際の最も重要な手がかりになるものである。よりよい授業づくり，よりよい教育活動に資するために，授業担当者以外の同僚教師や専門家などが教室で授業を観察し，その特徴や課題について議論し検討する機会を研究授業という。研究授業は，自分以外の実践に触れ，他の教師たちとの議論を通して授業づくりの一般的な課題を認識する大事な場であるが，その際に教師の発話・指示・発問，児童・生徒の活動・作業・発言・応答，教室の雰囲気といった実際の現象だけではなく，当該授業の計画書である学習指導案も中心的な検討対象になる。実際の現象はどのような計画によってもたらされ，計画のどの部分の不備が影響したのかという点を外してしまっては，授業づくりの一般的な課題が認識されず，単なる指導技術の指摘に終わってしまうのである。教育実習では，実習期間の最終盤に指導教諭や他の教師が参加して研究授業が行われ，それが一般に「本番中の本番」とみなされるが，毎回の授業実習において指導教諭と同様のやりとりを経験して，研究授業に備えることが不可欠である。すなわち，学習指導案の作成 → 指導教諭の指導に基づく修正→ 授業実習（指導教諭による観察） →

学習指導案をもとにした授業実習の検討（問題点の抽出，次回授業へ向けての課題の確認）
といったパターンである。したがって，教育実習生の作成する学習指導案は，指導教諭を
はじめとする第三者に計画の内容が確実に伝わるように，客観的・論理的で具体的な記述
が求められるといえる。

2. 学習指導案の構成

　学習指導案の様式は多様であり，とくに近年は各学校や教師が工夫を凝らして充実を図
るようになっている。本書では，どの様式にも共通して盛り込まれるべき基本要素を中心
に解説する。教育実習の場合は，実習校および指導教諭の指示に従って形式を選択する。
　一般的な学習指導案は，単元指導計画を含んだ形式で作成されるため，単元全体につい
て記した部分と，当該授業（本時）に関する部分がともに記載されるのが通例である。（学
習指導案の体裁，構成要素は 74 ページ以降を参照）

3. コンピュータによる学習指導案の作成

　現在，学習指導案はコンピュータのソフトを利用して作成するのが一般的になっていて，
手書きによる作成はほとんどみられなくなった。学習指導案作成や授業での活用にとどま
らず，コンピュータの技術は教師の仕事に不可欠のものになっているので，スキルとモラ
ルの両面で十分に学習しておくことが求められる。
　コンピュータで作成された学習指導案は，美しい文字で見やすく，つくり手にとっても
書き直しや上書き，保存，他メディアとの相互性などにおいてメリットが大きいが，技術
が十分でない場合にかえって見にくくなったり，文字の変換ミスなどが起こったりしやす
いという問題もある。インターネットからの安直なコピー＆ペーストが容易になるという
点も大きな問題である。また，作成中ないし保存されたデータが事故により壊れることも
あるので，こまめにバックアップしておくことが望ましい。

4. 学習指導案の動作主

　学習指導案では，各項目の動作主（表現上の主語）を一貫させなければならない。学習者
を主語にした場合，「音読する」「選択する」「…について理由を考える」「4人のグループ
で話し合う」「白地図に作業する」といった表現になる。このとき，学習活動の欄だけで
なく，単元および本時の目標についても児童・生徒側を主語にした「学習目標」になるの
が原則である。一方，指導する側，すなわち教師を主語にすると，「説明する」「発問する」
「指名して理由を述べさせる」などの表現になる。単元および本時の目標も，教師側を動
作主にした「指導目標」になる。実際に指導側に立った経験のない大学生や教育実習生は，
教師を主語にする場合に「生徒に……してもらう」「読んでもらう」といった表現を採っ
てしまうことがある。指導案上の表現で遠慮しても無意味であり，すべて「……させる」
といった表記に置き換えるべきである。

71

5. 「具体的」に書くということ

　大学の教科教育担当教員や教育実習時の指導教諭などから，学習指導案の内容をもっと具体的にせよという指摘を受けることがしばしばあるが，初心者はどうすれば具体的になるのか，とまどってしまうことがある。学習指導案が具体的でないというケースをいくつか例示してみよう。

　第一は，学習項目，特に知識項目ばかりが並んでいて，学習者たる児童・生徒がそれらとどのように向き合い，処理していくのかが明瞭でないケースである。立法府についての学習で，「国会は国権の最高機関である／国会は衆議院と参議院から構成される」と記し，そのあとに両院の定数や任期などを並べ，国会の役割・機能を列記するといった指導案に出会うことは珍しくない。こうなってしまう要因は，社会科の授業というのは教師が知識項目を説明して伝えるものだという固定観念から抜け出せないでいる（中学校ではそうなりやすい），教科書の内容を箇条書きで要約して記載するのが指導案だと思い込んでいる，教師自身が事前に勉強した内容を書きつけるので精一杯になってしまう，といったことであろう。上述した国会のしくみは非常に重要な基礎的知識であり，むろん中学生段階で定着させるべきであるが，それならば例えば「憲法○条を音読させ，自分の言葉に置き換えて説明するよう促す」「両院の仕組みを対比した表を板書し，2名を指名して各欄に対応するカードを貼らせる」などといった活動・作業を指導案に盛り込むべきである。

　第二は，学習活動を表現する語彙が貧弱であるケースである。教師が主語で「……を理解させる」「説明する」，学習者が主語で「……を知る」「理解する」といった表現ばかりの計画は，実際には細切れの知識を一方的に伝授する形態に陥ることが多い。また，「価格はどのように決定されるのかを説明する」「私たちにどんなことができるのか考える」「酸性雨とは何かを知る」というように「疑問詞」を多用するものは，具体的な計画とはいえない。これらは発問の際に用いる語彙であり，実際にはその「答え」に相当する部分を学び取らせなければならないのである。「答え」が明確な場合はそれを指導案に記し，多様な可能性を学習者の発言から導き出したいのであればその旨を明記するべきである。その際に，「予想される児童（生徒）の反応」を盛り込むことも多い。

　第三は，小学校の指導案でときどき見られるものであるが，「子どもが輝く」「生き生きと活動する」「○○のよさを体感する」といった独特の抽象語を多用するケースである。客観的に検証できず，成果のほどを共有できない表現であり，こうした語を目標や評価の観点に盛り込む際には，「地図帳を用いて位置を確認できるようになる」「歴史用語で説明するようになる」「消費者だけでなく生産者の視点で発言できる」といった表現とセットにしておきたい。また，「ねがい」「めあて」といった小学校教育以外でまず見られない用法の語彙も，それなりの方略をもって使用されないかぎり，教師側の自己満足に陥りやすい。なお，学習指導案を読むのは教師や関係者であるので，学習項目や発問計画以外の箇所に児童語を用いたり，漢字で書くべきところをかな書きしたりするのは不適切である。

6. 付属文書の作成

　学習指導案本体のほかに，発問計画，板書計画，発展・応用学習の指導計画を作成して添付する場合がある。

　主要な発問計画は指導案中に盛り込むのが普通であるが，紙面が煩瑣になるようなときや主発問以外にも綿密な計画を立てて学習者を誘導したいときには，指導案の時系列に沿って発問計画を作成するとよい。発問に慣れない初心者は，抽象的な問いに終始したり聞きたいことを適切に表現できなかったりするので，計画の作成自体が事前の練習になるであろう。板書もまた事前の計画が不可欠の作業であり，その場で思いついた順に書きつけ，すぐ消して上書きするようなことをしてはならない。学習者がそれをノートに転写して事後に復習することを考えれば，効果的で意味のある語彙を選択する必要がある（口頭説明ではそれを日常語やなじみ深い語に「翻訳」する）。電子黒板，プロジェクタなどのICT（機器）を活用する際にも，指導案本体とは別にその展開を記す文書を作成しておくと，授業を行う教師（実習生）本人にとっては進行を確認する機会に，また指導案を検討する指導教諭や関係者にとっては授業で提示される内容の全体像を共有する機会となる。発問計画，板書計画は授業担当者の「台本」として私的な範囲にとどめてよいものであるが，授業計画の全体像を体得するという意味で，教育実習生や新人教師はそれらをも含めて指導を受けるようにするとよい。

　最近では，児童・生徒の授業外での学習に資する目的で，発展・応用学習を計画しておくことも期待されるようになってきた。当該授業と関連する項目や事象を学ぶための素材や資料を配布したり，学習ソースのありかを紹介したり，自習用の課題を出したりすることで，児童・生徒がさらに意欲をもって考察を深められるようにしたい。社会科の学習では，授業外の学習経験がもつ意味が非常に大きいと考えられるためである。

社会科（地理的分野）学習指導案 ←①　（注意点は，p.79 参照・以下同様）

指導教諭　　　　　　　印

教育実習生　　　　　　印

1．日　時　　平成○年○月○日（　）　○校時　○時○分〜○時○分（50分）

2．対　象　　東京都○○区立○○○中学校　2年○組　（男子○名　女子○名　計○名）

3．単　元　　世界からみた日本のすがた

4．使用教科書　『中学社会　地理　地域にまなぶ』（教育出版）

5．学級・生徒観 ←②

　　　他学級に比べると授業中はおとなしいが，発問への応答や作業指示への対応は積極的である。地理的分野では基本的な漢字の読み書きや地図・統計類の読み取りに手間取ることが多い。

6．単元観 ←③

　　　この単元は，系統地理学（自然地理学及び人文地理学）の手法を援用しながら，世界の地理的な見方を養い，その中での日本の特色を学び取らせるものになっている。対象が全地球的なものからローカルなものまで多岐にわたり，分析手法も多様であるので，中学2年生の発達段階，既得知識，経験では学習の成果を十分に統合しきれないことも予想される。指導にあたっては，用語・概念の意味を簡潔に記した教材を別途配付して授業及び自習に対する支援とするが，授業では個別の知識・概念の獲得に注力しすぎないように努め，世界や日本を「地理的に捉える」ことを常に意識させるようにする。また，取り上げる地域が基本的に生徒の生活圏とは異なるところになるため，地図帳の積極的な活用とICTを用いた情報収集を促し，自分たちの地域との共通点や相違点を常に意識させるようにしたい。

7．単元の指導目標

　　○日本の産業の構造や分布の特徴を捉えさせ，その現状と課題に関心をもたせる。

　　○産業を軸に日本や世界を全体的に捉える学習を通じて，社会の諸問題を地理的（系統地理的）に考察する方法を学ばせ，社会に生活する者としての思考・判断の基礎を養う。その際に，グローバル化をはじめとする世界的な動向の影響に関連付けて思考する習慣をもたせる。

　　○産業に関する地図・統計類の読み取りや再構成などの作業を通して，地理学習の基礎となるスキルの習得を促す。

　　○日本の産業に関する基本的な知識・概念を獲得させ，その定着を図る。

第2部 | 理論編　授業づくりの方法

8．単元の指導計画と評価規準（12時間扱い）←④

配時	学習内容	評価規準
1	1　変動する大地と安定した大地（pp.138-139・教科書ページ・以下同様） 世界の大地形を「造山帯」「平野」の観点から捉える（「大地形」の語は用いない） 造山帯とプレートとの関係 環太平洋造山帯に属する日本列島の地質的特徴 プレートの移動を地震発生の一因として考える（発展的内容）	●造山帯・プレートの概念を獲得し世界の大地形を捉える基本的な方法がわかる　知識・技能（一斉発問） ●地図（テーマ図）から地理的分布や日本の状況を読み取ることができる　知識・技能（作業） ●世界の大地形への理解を踏まえて日本の地形や生活への影響（地震，土地利用など）を包括的に思考することができる　思考力・判断力・表現力（試験） ●自然環境と人間生活との関係に関心をもち，相互の関係性や影響などに視野を広げることができる　学びに向かう力（一斉発問）
2	2　変化に富む日本列島の地形 3　地形図を使って地形をみていこう（pp.140-143） 日本列島の地形を山地，平野，河川，海岸の視点から考える 日本の河川の特徴を世界の河川と比較して捉える 地形図の基本的な読み取り技能を獲得する（2で取り上げる地形を，地形図の表現と対比し相互の関係を学ぶ）	●日本列島の地形についての基本的知識（主要な地名を含む）を獲得する　知識・技能（発問，試験） ●地形図の読み取り（特に等高線，土地利用，縮尺）の基礎を獲得する　知識・技能（作業）
1	4　四季のある気候（pp.144-145）	
2	5　自然がもたらす災害と向き合う 6　災害から身を守るために（pp.146-149）	（各時の内容に沿って評価規準，評価の観点を記載する）
1	7　世界の人口分布と変化（1）（p.156）	
1	8　日本の人口分布と課題（pp.152-153）	
1	9　資源・エネルギーのかたよる分布（pp.154-155）	
2 本時 1/2	10　産業の構成とその変化（pp.156-157） 産業の大区分（第一次・第二次・第三次産業）とその地理的分布，偏り 日本の産業構造とその地理的分布 近年の産業構造の変化と問題点 11　産業の構成とその変化（2）（pp.156-157）	●産業の大区分に関する基礎知識を獲得する　知識・技能（一斉発問，個別発問） ●産業構造の地理的特色に着目し，その意味を思考し説明できるようになる　思考力・判断力・表現力（発問，作業） ●産業構造に関心をもち，地理的な視点で考えようとする　学びに向かう力（発問，作業）
1	12　結びつきを強める世界と日本（pp.158-159）	

9. 本時の指導目標 ◀─❺

　　○産業の大区分（第一次・第二次・第三次産業）に関する基礎知識を獲得し，自身の言葉で説明できるようになる。また，例示された主要産業分野を分類できるようになる。〈知識・技能〉

　　○国・地域ごとの産業構造に着目し，「豊かな国」と産業高次化との相関性を読み取ることができるようになる。〈思考力・判断力・表現力〉

　　○日本や自身の住む地域の産業構造に関心をもち，他の国や地域との対比の中で考えようとする。〈学びに向かう力〉

10. 事前準備，配付資料

　　日本標準産業分類（総務省）　プロジェクタでその一部を映写

　　第一次〜第三次産業に属する代表的な産業分野のカード，黒板貼付用のマグネット

　　上記にもとづく配付資料（代表的なものを抽出し印刷）

　　ワークシート

11. 本時の指導展開

	学習項目	学習活動・指導展開	指導上の留意点／評価の観点
導入10分	「しごと」の概念化の試み　社会にはどのような「しごと」があるか	将来はどんなしごとをしたいですか？ ↑ 真の発問ではなく導入前のきっかけ みなさんが社会人になるのはもう少し先のことだけど，おうちの方を含めて，おとなの人たちは何らかの「しごと」をしていますよね。どんな「しごと」があるだろう。思いつくかぎり挙げてみてください。 ランダムに指名（あるいは列，班ごとに指名）して発言順に黒板に書く	学習テーマの関係上，概念的で非日常的な用語を多用しがちになるため，なるべく平素の言葉遣いに寄せた発問や指示を用意しておく。 保護者の職業などについては教師側からたずねない。
	産業分野の考え方　「生み出されるもの」によって人間の活動を分類する	産業分野（自動車会社，IT企業，稲作農家など），勤務場所（オフィス，市役所，工場など），就業形態（デスクワーク，店員，運転手など）といったカテゴリや次元の混線が予想される。このうち産業分野に着目し，他のカテゴリとの関係を口頭で整理して，「何を（どのような商品を）生み出すか」をあらためて問う。 今は「お金で買えるもの」＝商品だと考えておいてください。生み出される商品ごとに分類してみましょう。挙げてもらった「自動車」みたいに。どんなものがあるでしょうか？ 数名を指名し答えさせ黒板に書く。カードを取り出し，マグネットでランダムに貼付する。	評価の観点 何気なく見ている産業あるいは「しごと」の類型化という作業に関心をもとうとしているか。（学びに向かう力発問応答）
	第一次産業・第二次産業・第三次産業の区分	黒板にいろいろな分野のカードを貼り付けていますが，これを分類してみます。	

❻➡（産業分野の考え方の左側に配置）

第2部 理論編 授業づくりの方法

	学習項目	学習活動・指導展開	指導上の留意点／評価の観点
展開 30分	それぞれの定義とそこに含まれる主な産業分野	第一次〜第三次に並べ替える。 第一次産業… 米づくり(稲作),果物の栽培(果樹生産),漁業,魚の養殖 第二次産業… 自動車製造,部品の製造,ゲーム機の製造,鉄鋼業,石油の精製,製薬,食品加工,アパレル(衣類の縫製) 第三次産業… コンビニエンスストア,運送業,鉄道,旅行社,銀行,インターネット通販,カラオケボックス,中学校 以下を板書。 ①第一次産業:人間が直接自然にはたらきかけて行う生産活動(農林水産業) ②第二次産業:原材料を加工して製品をつくり出す産業(工業) ③第三次産業:農作物や工業製品を運んだり,販売したりして,人々の暮らしを豊かにする産業(サービス業) ①②は有形の商品,③は無形の商品(サービス)を生み出してそれを売る。	生徒と対話しながら教師が並べ替える。一つ一つを問うのではなく全体の傾向をつかませ,「何を基準にして分類しているのだろう?」という思考を促す。 第二次と第三次の分かれ目は有形の商品／無形の商品。 分類の難しい産業分野もあるので深入りは避け「総務省はこのように分類している」と示しておく。(鉱業,電力,飲食業など) **評価の観点** 第一次〜第三次産業の分類の基準について考えられているか。(思考力・判断力・表現力 発問応答)
	主要国の産業構造とその傾向,世界的にみた産業構造 それぞれの定義とそこに含まれる主な産業分野	教科書 p.156 図1「各国の一人当たり国民総所得と,主な国の産業別人口の割合」中の円グラフに注目させ,第一次・第二次・第三次産業の割合が高いのはそれぞれどの国か,数名を指名して答えさせる。 第一次の割合の高い国… ベトナム,インド 第三次の割合の高い国… アメリカ,ドイツ,ロシア,ブラジルなど	現時点で国ごとのイメージは定まっておらずばらつきもあるので,個別の国について問うことは避ける。 量ではなく率(割合)なので数字が小さくても分母(人口)が大きければ産業別人口は多くなる点に注意。
	産業構造と「豊かさ」の相関 国や社会が「豊か」(所得水準が高い)になるほど,第二次,第三次産業の比率が高くなる。先進国は一般に第三次産業の割合が大きい。	図1で挙げられている国の塗色に注目させ,凡例より一人当たり国民総所得の程度を確認させる。 第一次産業の割合の高い国の一人当たり国民総所得は高い?低い? 第三次産業の割合の高い国はどうですか? 一人当たり国民総所得… 生活の豊かさを示す指標のひとつ。あくまで国ごとの平均であり,実際には豊かな人も貧しい人もいる。	経済の指標やその意味については3年生であらためて学ぶ。 ◀❼

	学習項目	学習活動・指導展開	指導上の留意点／評価の観点
	産業構造を大きく捉える視点 　産業の高次化 　「豊かな国」の地理的偏り（南北問題）	以下を板書する。 図1から読み取れること ・第三次産業の割合の高い国は経済的に「豊かな国」である可能性が高い ・第二次・第三次産業の割合の高い「豊かな国」は地球の北側に多い 経済的に「豊かな国」とそうでない国が地理的にみて南北に偏っています。これは南北問題と呼ばれ，世界的に大きな問題になっていることの一つです。なぜそうなったのかについては歴史的分野，国際社会がどのように取り組んでいるかについては公民的分野でも学びますので，この言葉を知っておきましょう。 2つの問いへの答えを，配付したワークシートに自分なりの答えを記入してください。 ・第三次産業の割合が高くなると経済的に「豊か」になるのは，なぜだろう？ ・豊かになりたいからといって，世界中の国や人間が第二次・第三次産業に就いたとしたら，どうなってしまうだろう？	北半球・南半球と表現すると赤道を軸に厳密に読み取って疑義を抱かれやすい。地球の北側・南側という教科書の表現を用いる。
整理 10分 ←❽	**本時のまとめと次時への展望**	問いの答え（ワークシートの記入例） ・第一次産業で生み出された商品を使って（原材料として）第二次産業の商品を生産し，今度はそれを第三次産業で売る。第○次に入る数字が大きくなるほど，もうけが大きくなる。 ・人間が生活していく上で絶対に欠かせないのは食料なので第一次産業こそが不可欠の分野。生活や生産に必要なものを生み出す第二次産業も重要で，なくなっては困る。 食べ物や身につけている衣服などで，外国から輸入しているものはないだろうか？ まとめの板書→ワークシートに記入させる。 産業（生産活動）は，国や地域で分担（分業）して行っているが，分野や得られる利益に偏りがある。 では，日本は第何次産業の割合が高いと思いますか？　その理由は？ 生徒が答えられれば受容し，答えが出ないようであれば次回までに考えておくように促す。次回は日本の産業について学ぶことを予告する。ワークシートを回収。	**評価の観点** 産業構造と経済的な豊かさの相関を理解し，その上で各産業（とくに第一次産業）の不可欠性と分業のあり方について考えられているか。 （知識・技能，思考力・判断力・表現力，ワークシート）

78

○学習指導案の注意点

❶ ……標題・署名

教科（中学校ではカッコ内に分野）名を記す。教育観，授業観により学習活動案・学習支援案といった呼称を採用することもある。教育実習では指導教諭の連署・押印が必要。

❷ ……学級観，児童・生徒観など

観察に基づき普段の学習状況や当該単元にかかわる既得知識の有無，学習態度，学級集団としての動態などを書く。

❸ ……単元観，単元の指導目標（「学習」目標とする場合もある）

単元観は，当該単元を学習することの意義や困難さ，課題などを，単元の構成や特色に照らして記述する。単元観を具体的に書くことで学習指導のねらいがより明確になる。単元の指導目標は，評価規準と単元構成に即して記述するのが普通である。

❹ ……単元の指導計画と評価規準

近年の学習指導案はこのように単元計画を組み込んで作成されるようになっている。学習内容や到達目標の性格によって学習活動のあり方を工夫し，評価規準を明確にして単元全体を通してねらいを達成させるようにする（カリキュラム・マネジメントの考え方を適用する）。なお評価「規準」の文字を間違えないように。

❺ ……本時の目標

3つの観点別に記している。小中学校とも，1回の授業で取り組めること，定着させることは限られているので，核となる事項や前後とのつながりを中心に記述するとよい。

❻ ……導入時の発問

前時までに学習した内容や学習者の経験から答えやすいものを示す。テンポのよいやりとりは，授業全体のリズムを好転させる。

❼ ……主発問

授業の流れを踏まえ，このあとの展開を確実に導く問いを用意する。判断材料が乏しかったり，抽象的すぎたりすると答えを得られず，授業が行きづまりやすい。ここでは二者択一で答えやすいが本時の主題に直接かかわるような問いを用意している。

❽ ……「整理」のほか「終結」「終末」「まとめ」なども用いられる。次時に向けての予備発問や発展学習への展望を記すこともある。

（古賀　毅）

第4章 評価の理論と方法

第1節　評価の意義と種類

　教育の目標にどの程度到達できたか客観的に見極めることは，教育の内容をより良くするために欠かせない活動である。教師が教え，学習者が学ぶ学習活動が，当初の目標を達せられたか，また学習の始めに想定した思いや願いを実現することができたか，冷静に振り返ることは，教師にとっても同時に学習者にとっても授業を改善し，学びの質を高めるために非常に重要である。このような学習の成果を振り返る営みが，教育における評価であると言える。本章では，教育における評価の内容を概説した上で，社会科の評価のあり方について検討する。

　教育における評価は，学習の過程での評価を行う時期によって次の3種類に分類することができる。

1. 診断的評価

　診断的評価は，学習の開始時に実施される学習者の実態を捉えるための評価である。学習が開始されるときに，それまでの学習の定着の度合いを捉え，学習者がどれくらい知識及び技能を持っているか，またどの程度興味・関心を持っているかなどの実態を知ることは，その後の学習を組み立てるための基礎的な資料となる。社会科の学習では，学年の始めに学習者の社会科学習に関する実態を予め把握することが，診断的評価に当たる。さらに，単元の学習の始めにその単元に関する内容について，既に知識及び技能を備えているか，また，内容に対して主体的な学習を支える興味・関心を持っているか把握することが挙げられる。これらの評価の結果は，年間指導計画の立案や単元の計画の作成に際して貴重な参考資料となる。

　例えば，中学校の歴史的分野の授業で奈良時代の学習をする場合，小学校の第6学年の歴史学習で，奈良時代の仏教と天皇を中心とした国づくりについて学習した内容が，どの程度既習事項として定着しているか，またどのような歴史的事象に興味・関心を持っているか事前に捉えておくのは，診断的評価の一例と言える。既に知っている内容を確かめておけば，それらは既知の事象として扱い，その基礎の上にさらに発展させて学習を計画することができる。

2. 形成的評価

　形成的評価は，学習の途中に行う評価を意味する。年間の学習をいくつかの単元に区分し，それぞれの単元毎に評価する。評価の結果は，教師および学習者の両方にフィードバックされ，次の単元の学習を改善するために活用される。

　形成的評価によって単元の始めに意図した学習の目標に到達していないと判断される場

合には，その後の学習指導のあり方を見直し，指導計画を再考するなどの修正が図られる。必要に応じて学習時間を増やし，補充学習をすることもあり得る。一方，目標を充分達成した場合には，その後の学習においてより高度の目標を設定し直すこともできる。

　評価をする時点までの学習を振り返ることを通して，それ以後の学習のあり方を見直し，修正していく。例えば，小学校第3学年で，地域の安全を守る働きに関する「火事からくらしを守る」という単元を扱う場合，学習者が作成したまとめから，「消防署の人は，いつでもすぐに着られるように，火事に備えて高熱に耐えられる消防服を用意している。」という事実についての知識を得たことが分かった。一方で，消防署が他の機関と協力していることをまとめている内容が少ないことが明らかになったならば，その後の学習で，地図を活用して，隣接の市区町村の消防署から応援の消防車が派遣されることを調べ，関係機関の連携や協力について理解できるような授業の工夫が求められる。

資料1.『消防新聞』における消防服についての説明　（小学校第3学年）

> ヘルメットは，耳や頭全体がかくれるようになっています。ねつを通しにくくなっています。じょうぶでやぶれにくいせんいでできています。1200度の火に，10びょう間ふれてもだいじょうぶです。水がかかってもはじいてしみこみません。

〔寺本・吉田(2015)による〕

3. 総括的評価

　総括的評価は，単元末，学期末，学年末など学習が終了する時点で，どの程度学習の目標に到達したかを評価する。中学校や高等学校において，学期末の試験を実施し，学習の到達の度合を測るのは，これに当たる。学習が終わった段階で，その学習の内容が定着したか，また，学習に対して主体的に取り組むことができたかなどについて，確かめることは学習の成果を検証する上で重要である。学習者にとっては，自身の学習の成果を確認し，学習への取り組みを見直す契機となる。授業者にとっては，授業の目標を達成するための取り組みが適切であったか，授業の設計が効果的であったかなどを問い直し，授業改善を図るための資料となる。

　この場合においても，評価の結果が次の学習に活かすことができるようにすることが望まれる。これらの評価は，単独の評価方法で学習者の実態をすべて捉えることは困難であり，それぞれ評価方法の特色をいかし，学習場面に応じて活用することが大切である。

表1. 評価の種類

	評価の種類	評価の時期
1	診　断　的　評　価	学　習　の　開　始　時
2	形　成　的　評　価	学　習　の　途　中
3	総　括　的　評　価	学　習　の　終　了　時

〔西岡ほか(2015)により筆者作成〕

第2節　学習指導要領と評価

1. 評価の位置付け

　学習指導要領では，学習評価の充実に関して次のように示している。ここでは，小学校学習指導要領を参照したが，中学校学習指導要領においても同様の内容が示される。

資料２．小学校学習指導要領

> ２　学習評価の充実
> 　学習評価の実施に当たっては，次の事項に配慮するものとする。
> （1）児童のよい点や進歩の状況などを積極的に評価し，学習したことの意義や価値を実感できるようにすること。また，各教科等の目標の実現に向けた学習状況を把握する観点から，単元や題材など内容や時間のまとまりを見通しながら評価の場面や方法を工夫して，学習の過程や成果を評価し，指導の改善や学習意欲の向上を図り，資質・能力の育成に生かすようにすること。
> （2）創意工夫の中で学習評価の妥当性や信頼性が高められるよう，組織的かつ計画的な取組みを推進するとともに，学年や学校段階を越えて児童の学習の成果が円滑に接続されるように工夫すること。

〔文部科学省(2017)『小学校学習指導要領第１章総則　第３教育課程の実施と学習評価』による〕

　ここでは，評価をすることを通して，指導の改善や学習意欲の向上を図ることが示され，評価が，その後の学習に生かされることの重要性が説明される。評価は，学習の終末のみに行われることを意味するのではなく，それぞれの過程で必要に応じて行われ，それ以後の学習の改善に結び付くことに重点が置かれる。また，評価において妥当性や信頼性を高めることを示し，授業者は学習者に対して評価の結果について充分納得できる説明をすることが求められる。

2. 指導と評価の一体化

　「指導と評価の一体化」とは，一般に評価した結果を次の学習指導に活かし，評価を授業の改善に役立てるようにすることを意味する。学習指導の改善点を見つけることは，評価の重要な目標の一つである。教師が丁寧に学習を進めたつもりになっていても，評価をしてみると，学習者の理解が十分ではないことがあるかもしれない。また，学習者の学習問題を追究する意欲が高まり，当初の目標を達成してもなお，追究すべき問題が残されていることもあり得る。社会科の学習では，このようなときに，学習の評価を行った上で，それ以降の指導計画を見直すことになる。評価は，学習のゴールであると同時に新たな学習のスタートとして位置付けることができる。

　小学校第３学年の「店ではたらく人」の単元の学習では，単元の展開においてスーパーマーケットの見学を実施する。見学のまとめをすると，「ジャガイモは，北海道から届けられる。」「りんごは，青森県産のりんごが売られていた。」ということを調べ，産地についての知識を得て，日本の各地から商品が届けられている事実を捉えることができたことが分かる。しかし，地図に産地を表現しようとしたとき，例えば青森県の位置が分からな

いという実態が捉えられたならば，産地の位置を地図を活用して確かめる学習をより充実しなければならないことが明らかになる。

　目標設定・学習指導・評価は，一連の活動であり，より良い授業を常に目指していくためには学習の評価が次の目標の設定や学習指導の改善につながることが，何よりも重要である。

3. 評価規準の設定

従来の4観点（2008年）
関心・意欲・態度
思考・判断・表現
技能
知識・理解

新しい3観点（2017年）
知識及び技能
思考力, 判断力, 表現力等
学びに向かう力, 人間性等

（筆者作成）

図1．評価の観点

　評価規準は，2008年版学習指導要領の4観点「社会的事象への関心・意欲・態度」「社会的な思考・判断・表現」「観察・資料活用の技能」「社会的事象についての知識・理解」から，2017年版学習指導要領においては「知識及び技能」「思考力, 判断力, 表現力等」「学びに向かう力, 人間性等」の3観点に改訂された。

《知識及び技能》
　どのような知識及び技能を身に付けたかについて評価する。知識は，事実を示す知識及び理由や根拠を説明する知識などの種類があり，社会的事象についての様々な知識を学習者が習得しているか評価する。
　社会科では，社会的事象について調べたり，まとめたりする技能が重要であり，特に資料から社会的事象を読み取るために地図，統計など様々な資料を活用する技能が求められる。また，見学や調査によって情報を収集する場面で技能が活用される。さらに，獲得した知識を整理し，表現するためにも技能を活用する。これらの技能について評価することになる。
　例えば，日本の米の生産量が多い地域を調べるためには，米の生産量を示す主題図から生産が多い地域を読み取り，読み取った事実を言語を活用して表現することが求められる。このとき，地図を活用する技能が必要であり，学習者がどの程度技能を身に付けているか評価する。

資料３．小中学校社会科において育成を目指す資質・能力

	知識及び技能	思考力，判断力，表現力等	学びに向かう力，人間性等
小学校社会	・地域や我が国の国土の地理的環境，現代社会の仕組みや働き，地域や我が国の歴史や伝統と文化を通して社会生活について理解する。 ・様々な資料や調査活動を通して情報を適切に調べまとめる技能を身に付けるようにする。	・社会的事象の特色や相互の関連，意味を多角的に考える力，社会に見られる課題を把握して，その解決に向けて社会への関わり方を選択・判断する力，考えたことや選択・判断したことを適切に表現する力を養う。	・社会的事象について，よりよい社会を考え主体的に問題解決しようとする態度を養う。 ・多角的な思考や理解を通して涵養される地域社会に対する誇りと愛情，地域社会の一員としての自覚，我が国の国土と歴史に対する愛情，我が国の将来を担う国民として自覚，世界の国々の人々と共に生きていくことの大切さについての自覚を養う。
中学校社会	・我が国の国土と歴史，現代の政治，経済，国際関係等に関して理解するとともに，調査や諸資料から様々な情報を効果的に調べまとめる技能を身に付けるようにする。	・社会的事象の意味や意義，特色や相互の関連を多面的・多角的に考察したり，社会に見られる課題の解決に向けて選択・判断したりする力，思考・判断したことを説明したり，それらを基に議論したりする力を養う。	・社会的事象について，よりよい社会の実現を視野に課題を主体的に解決しようとする態度を養うとともに，多面的・多角的な考察や深い理解を通して涵養される我が国の国土や歴史に対する愛情，国民主権を担う公民として，自国を愛し，その平和と繁栄を図ることや，他国や他国の文化を尊重することの大切さについての自覚などを深める。

（文部科学省(2017)『小学校学習指導要領解説社会編』による）

《思考力，判断力，表現力等》

　思考力，判断力，表現力等を評価するには，学習者が何を考え，どのような判断をしたか，またその結果をどのように表現したか，見取る必要がある。学習者が説明し，表現した内容を捉え，その学習者なりの思考の軌跡を把握した上で，評価することになる。そのために，学習の中に思考力，判断力を活用し，その結果を言語活動を通して表現をする場面を設定する。思考・判断した結果を言語やメディアを活用して表現し，表現した内容を踏まえてどのような思考力，判断力，表現力等が身に付いたかを評価することになる。

《学びに向かう力，人間性等》

　「学びに向かう力・人間性等」の評価では，主として「主体的に学習に取り組む態度」を評価することになる。この評価は，数値のみで示すことが困難であり，子どもの学習への取り組みの状況を捉え，態度を評価する。主体的に取り組むためには，子どもが学習の問題を設定し，見通しを持って学習を進められるように学習計画を立てる必要がある。

第3節 評価の方法

　評価には，種々の方法があり，ペーパーテスト，観察，論述，発言，ノートの記述など様々な場面で評価が行われる。ペーパーテストでは，いわゆる穴埋め問題や選択問題などにより，知識の定着を評価することができる。しかし，思考力，判断力，表現力等を評価するためには，このようなテスト問題だけでは充分とは言えない。考えたことを論述した結果により，思考力を評価することが一般的な方法である。知識及び技能，思考力，判断力，表現力等を単一の問題で同時に評価することは難しく，複数の方法を併用することが求められる。

　評価は，常に教師が学習者を評価するとは限らない。相互評価は，学習者同士がお互いに評価する方法である。学習の結果を発表し，お互いに発表を視聴することを通して評価する場面を設定する。個人内評価は，個人の変容に着目し，学習の開始時と終末にどのくらい変容が見られたか評価する。この評価は，集団の中で比較する相対評価ではなく，個々の学習者の様々な側面を評価する絶対評価となる。

　社会科において，多様な項目を評価するために，特性に応じて評価の方法を選択し，時には複数の方法を組み合わせて評価を工夫する。

1．テストによる評価

　ペーパーテストは，最も一般的に活用される評価方法である。正しい解答を選ぶ多岐選択法，空欄に当てはまる適切な用語を解答する完成法などの形式があり，知識の量を数値で示し，評価することができる。また，用語や記号で解答する場合は，採点が容易ある。この他に解答を文章で記述する論文体のテストがあり，解答した文章を読み取ることによって，思考力，判断力，表現力等を評価することができる。

2．ポートフォリオによる評価

　ポートフォリオは，本来「紙挟み・折鞄」の意味で，いわば書類を整理するためのファイルである。教育の評価においては，学習の軌跡をたどるための学習カード，学習者が作成したレポート，新聞，授業の振り返りの記録などをファイルし保存するものをポートフォリオという。このようなポートフォリオを評価に活用することによって，学習のプロセスを評価できるようになる。一般にポートフォリオによる評価は，総合的な学習の時間の評価の一つの方法として様々な学習場面で用いられる。社会科においてもポートフォリオを用いた評価が可能である。

　例えば，小学校第5学年の「自動車をつくる工業」の単元では，自動車工場を教材として取り上げる。この単元では，学習の展開において自動車工場の見学が位置付けられる。見学の事前にはその計画を立て，目標を明確にする。このとき児童がどのような社会的事象に注目し，何を明らかにするために見学に行こうと思ったか，学習カードに記録する。

さらに見学に行くときに携帯する見学カード，学習のまとめにおいて作成した新聞やレポートなどがあり，これらの学習の成果をポートフォリオに保存する。

ポートフォリオは，日々の学習の成果物をその都度保存するための専用のファイルであり，学習者はこのポートフォリオによって自らの学習を振り返ることができる。また，授業者は，それまでの学習の軌跡をたどり，学習者の知識の獲得の様子，思考，判断の内容を評価することができる。この方法では，授業の進行に合わせて毎時間評価することが可能で，授業ごとに評価した結果は，次の授業時に学習者にフィードバックすることにより，振り返りを通して授業の改善に役立てられる。

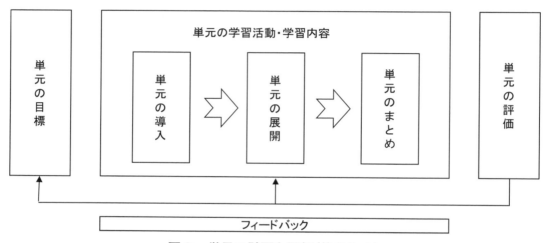

図2．単元の計画と評価（筆者作成）

社会科の学習では，様々な資料を活用する。資料は，地図，統計，写真，文章など多様であり，単元の導入，展開，まとめのそれぞれの過程で，資料を活用する技能が求められる。ポートフォリオに蓄積された作品を通して，資料活用の技能についても評価することができる。

3．パフォーマンスによる評価

パフォーマンス評価は，いわゆるペーパーテストで知識の定着のみを評価することとは異なり，より幅広い学習活動を評価する方法である。具体的には，パフォーマンス課題を設定し，学習者がその課題に回答した結果についてルーブリックに基づいて評価を行う。

○ガイドブックを作ろう。－小学校－

小学校におけるパフォーマンス評価の事例として，小学校社会科第4学年「都道府県を調べよう」における評価の例を示す。小学校社会科は小学校第3学年での市区町村を対象とした学習に引き続き，第4学年では都道府県を対象とした学習が進められる。

第4学年の都道府県の学習では，都道府県の地理的環境についての学習が位置付けられ，

第2部　理論編　授業づくりの方法

「都道府県を調べよう」という単元が想定される。それぞれの小学校が属する都道府県が学習の対象となる。

　ここでは東京都を例に，パフォーマンス評価について検討する。この学習では次のようなパフォーマンス課題が設定できる。

資料4. パフォーマンス課題の設定　小学校

> パフォーマンス課題
> 東京都にはたくさんの観光客が訪れます。観光客の人々に東京都の魅力を知ってもらい，東京都への旅行の楽しさが伝えられるような「東京ガイドブック」を作りましょう。

　「都道府県を調べよう」の学習では，日本における東京の位置や東京に隣接する県，東京の地形と土地利用，産業，交通の様子について学習する。東京都の位置の学習では，47都道府県の名称と位置について捉えた上で，地図帳を活用して東京都の位置を確認する。さらに東京都には，伊豆諸島，小笠原諸島の島嶼が含まれることを確かめる。次に地図を活用して東京都の地形と土地利用を捉える。東京都の形は東西方向に長く，地形は西から山地，丘陵地，台地，低地に区分され，東に向かうほど標高が低くなる。土地利用は，都庁がある新宿区の新都心を中心に市街地が広がる。都心に近づくほど商業地や住宅地が多く，西に行くに従って農地の占める割合が高くなり，山梨県に接する山地では，山林が広がる。交通は，都心と郊外を結ぶ鉄道が放射状に延び，都心周辺は地下鉄が発達している。

　これらの学習の内容をまとめ，東京都の特色を捉えるために，観光の視点を取り入れた「東京ガイドブック」作りに取り組む。ガイドブックには，既習事項を生かしてそれまでの学習で得られた東京都に関する情報を盛り込んで内容をまとめることが期待される。

　この「東京ガイドブック」を評価するためのルーブリックとしては，次のような観点が考えられる。

　①地図を活用して東京都の位置と広がりを示している。

　②観光客にとって魅力的な地域について事例を取り上げて説明している。

　③イラストや写真などを使い分かりやすく表現している。

　これらについてある程度達成されていればBの評価であり，より多くの事例について地図，イラストや写真を適切に活用して説明することができればAの評価となる。一方充分には説明されていなければCの評価となる。

　ここでは，東京都を事例として取り上げたが，東京都以外の道府県でも同様の課題の設定は可能である。それぞれの都道府県において，都道府県の位置や特色を追究する学習が展開できる。このようなパフォーマンス評価では，学習のまとめを学習者である子ども自身が自分の言葉で表現することを通して，学習の成果を振り返ることができる良さがある。

87

○ツアーコンダクターとして課題を考えよう。－中学校－

　パフォーマンス課題として次のような事例が挙げられる。これは，中学校社会科地理的分野の九州地方の学習で，学習のまとめとして課題に取り組む授業実践例である（中野2018）。この課題では，それまでの学習で習得した知識を活用し，九州地方の特色を文章で表現することが要求される。また，「ツアーコンダクターになる」という場面の設定が示される。回答する生徒は，自分がツアーコンダクターになったという想定で九州地方の観光について説明することが求められる。このような課題に回答することを通して，知識のみならず思考力，判断力，表現力等を評価することが可能となる。また，評価の結果は，その後の学習に生かされる。この課題に回答するためには九州地方の地理に関する知識が必要であり，それまでの学習で習得した知識を基に，それらを活用して課題に取り組む。授業者は，生徒が作成した回答について評価規準を参照し，客観的に評価をすることが求められる。

資料5. パフォーマンス課題の設定　中学校

> パフォーマンス課題
> （仮想）最終研修会は他の新人ツアーコンダクターとグループをつくって行われます。同じグループになった新人ツアーコンダクターと協力して課題を考えていきます。最初の課題は，九州地方の地域的特色を表現する課題です。これまでの現地視察でわかったことをもとに，「九州地方どのようなところか」をほかの新人ツアーコンダクターと相談して，簡単な文章で表現しましょう。

〔中野（2018）による〕

　これらのパフォーマンス課題を評価するために，ルーブリックを設定する。ルーブリックは，評価をする際の観点や尺度を示す表で，客観的な評価をするための拠り所となる。このルーブリックに基づいて，授業者は学習者の作成した文章を評価する。単元の目標に照らしてある程度到達したと考えられるBの尺度を示し，それを上回ればA，そこまで到達できなければ，Cとなる。

　この実践のルーブリックではBの評価として次の3点を挙げている。

　①これまでの現地視察（学習）や最終研修会の成果を生かし，自然環境や人々の生活や産業など九州地方の地域的特色を盛り込んだものとなっている。（これまでの学習の活用）

　②具体的でオリジナリティーのあるものとなっている。（独創性）

　③地域の発展につながるものである。（持続可能性）

　これらの点でさらに優れたところがあるものは，Aの評価となり，充分ではないと判断されるものは，Cの評価となる。

　これらの尺度に基づいて，提出された文章の内容にルーブリックに示される内容がどの

程度表現されているかを評価することになる。九州地方の単元では，「日本の西に位置し，アジアの国々に近い。」「火山が多く，温泉観光地が数多くある。」「畑作や畜産が盛んで，きゅうりやピーマンなどの野菜の生産，豚や鳥，肉牛などの飼育が行われている。」「日本の重工業の発祥の地であり，現在はIC工場や自動車工場が多く立地している。」などの九州地方の特色を学習する。これらの学習した内容を取り入れ，地域の持続可能な発展の視点を考慮しつつ観光地としての魅力をまとめ，具体的に表現することができることが望まれる。

資料６．単元の計画第４学年「都道府県を調べよう。」

過程	主な学習活動	指導上の留意点　※評価
つ か む	①東京都の地図と景観写真を見て，東京都にはどのような地域があるか話し合う。学習問題を作り，学習計画を立てる。	○東京都における自分の住む市区町村の位置を確かめるようにする。 ※学びに向かう力・人間性等
調 べ る	②日本地図を見て東京の位置を確かめる。	○47都道府県の位置と名称が分かるようにする。 ※知識・技能
	③東京都に隣接する県を確かめる。	○地図帳を活用して調べるようにする。 ※知識・技能
	④東京都の地形の様子を調べる。	○地図帳や東京都の立体地図を活用し，特色を捉えるようにする。 ※知識・理解
	⑤東京都の土地利用の特色を調べる。	○土地利用と産業との関連に気づくようにする。 ※思考力・判断力・表現力等
	⑥東京都の交通の様子を調べる。	○白地図にまとめることを通して特色を捉えるようにする。 ※思考力・判断力・表現力
まとめる	⑦⑧「東京ガイドブック」を作る。	○観光の視点を取り入れ，東京都の特色を説明できるようにする。 ※知識・技能

第4節　評価の活用

　学習者にとって自身が学習した成果を目に見える形で示されると，達成感を感じ，より深く学習したいと思うようになる。適切な評価は，学習意欲を高め，主体的な学びを導き出すと言える。また，授業者にとって学習指導上の課題が具体的に認識できれば，授業改善の方向性を自覚できるようになる。しかし，学習過程における評価のみに注目しても，どのような評価が望ましいか判断することは困難と言える。目標，指導計画，学習者の実態と関連させて評価を検討して初めて，より良い評価のあり方が明らかになる。

　通常は，単元の目標を設定し，学習活動・内容を計画し，評価のあり方を検討する。しかし，時には学習の終末のまとめにおける学習者の姿や評価の方法を設定し，そこから，そこまで行き着くためには，どのような学習内容が必要であるか考え，単元の計画を立てる。さらにそのような学習内容を追究するためには，単元の始めに目標をどのように設定すれば良いか考えてみる。このように通常とは逆に学習の過程を逆にたどってみれば，単元全体における評価のあり方や位置付けが明確になる。

　より良い評価は，学習者が自身の良い点を見出す拠り所になる。そのような充実した評価を実践することを通して，学習者の主体的な学習を成立させ，より深い学びを実現することが重要である。評価の結果は，授業者と学習者の双方で共有され，次の学習の改善に役立てられる。学習における評価は，授業力の向上を目指し，授業者の指導力の質を高めるための効果的で計画的な営みでもある。

（吉田和義）

〔参考文献〕

寺本潔・吉田和義(2015)『伝え合う力が育つ社会科授業』教育出版

西岡加名恵・石井英真・田中耕治編(2015)『新しい教育評価入門－人を育てる評価のために－』有斐閣

中野英水(2018)：社会科におけるパフォーマンス評価を考える　第3回「目標－指導－評価の一体化と単元構成」　中学校社会科のしおり(帝国書院)第43号

文部科学省(2018)『小学校学習指導要領(平成29年告示)解説　総則編』東洋館出版社

文部科学省(2018)『小学校学習指導要領(平成29年告示)解説　社会編』日本文教出版

文部科学省(2018)『中学校学習指導要領(平成29年告示)解説　社会編』東洋館出版社

実践編

授業づくりの実際

第1節 小学校 第3学年 単元名「わたしたちのまち」

1. 単元の概要

　本単元は，2017年版学習指導要領（以下，学習指導要領）第3学年の内容（1）に基づいて設定されたものである。この内容は，子どもたちにとって社会科という教科への入り口となる単元でもある。どの子にも「社会科は，楽しい！」と感じさせたい。また，問題解決的な学習の進め方，空間的に事象を捉えるといった社会的な見方や，事実と事実を比較したり，関連したり，統合したりといった考え方，調べる際の目的や視点を明確に意識させることなど，社会科学習の基本となる事項について習熟していくための最初の一歩を丁寧に踏ませたい。

　学習内容は，子どもたちが通う学校の周りの地域や子どもたちが住んでいる市区町村の様子である。それらについて，観察・調査したり，地図などの資料で調べたりして，白地図などにまとめることを通して，大まかな理解を図ることや，交通などの社会的条件や地形などの自然的条件と関連付けながら，土地の使われ方などに場所による違いがあることについて考えさせることがねらいである。

2. 授業づくりの視点

（1）主体的な学習に向けて

　子どもが主体的に何かを学ぶためには，「どうしてだろう？」「実際は，どうなのだろう？」といった問題意識が不可欠である。では，これらの問題意識は，どのように生まれるのだろうか。大きく言えば，それは「ずれ」によって引き起こされると言っていい。ある事実と当面したときに，子どもたちが「ずれ」に気付くことで問題意識は芽吹く。本実践では，導入において生活科「まちたんけん」での経験や気付きと，自分たちの地理的・空間的な認識との間にある「ずれ」，子どもたち同士の地理的・空間的な認識の間にある「ずれ」を自覚させることを通して，問題意識を焦点化させ，学習の問題を設定することとした。

　また，あえて小単元を2つに分けず，指導計画の前半でおさえた身近な地域の様子を足掛かりに，後半では市（本実践では区）の様子へと問題意識の対象を広げていく流れとした。また，上述の問題意識を持った上で，学習対象に実際に触れるという体験以上に，子どもたちの学習意欲を掻き立てる要素はないであろう。子どもたちは見学や体験が大好きである。本単元では，絵地図作りという形で，疑問に思ったことや予想したことを確かめるために，実際に現地を自分の足で歩くフィールドワークを設定している。これは，より主体的な学びを保障するということにとどまらず，深い学びを実現するためにも重要な活動である。概念的な理解が現実の経験と結び付いた時，はじめて子どもたちの持つ見方・考え方に明らかな変容が起こり，社会をより豊かに捉えることができるようになると考えられるからである。

（2）対話的な学習に向けて

対話的な学習の眼目は，「話すこと」と「伝えること」ではない。それでは単なる意見の発表会となってしまう。眼目は，「学び合うこと」であり，「共につくり上げること」である。自分が獲得した知識・技能や考えと，友達の持つそれらとの間にある「違い」に着目し，そこから得た気付きや疑問について掘り下げたり，補い合ったりすることで，お互いの持つ知識・技能や考えの質・量を高め合うところにこそ価値がある。また，それらの「違い」をそれぞれの「強み」として活かし合ったり，合意形成を図ったりしながら，1つの結論や作品へと練り上げていく経験も大切である。その意味で，「違う」ことや「多様である」ということが，対話的な学習の前提であると言ってもよい。本実践では，身近な地域の様子に関する調査をグループごとに手分けをして行い，それぞれの集めた情報を補い合いながら，学級で1つの絵地図を完成させる活動や，調べたことをもとに身近な地域や区の特色について一人一人が自分の考えを持ち，それを交流する活動などを設定した。

（3）深い学びに向けて

学んだことが，学校以外での子どもの生活に何の影響も与えないのであれば，それは表面的な学習，すなわち「浅い学び」ということになるだろう。「深い学び」とは，その正反対である。学習を通して得たものによって，子どものものの見方や考え方が変容し，実生活における自然環境や社会環境とのかかわり方がより豊かなものになるような学びの在り方を指す。本単元は，身近な地域や区の様子も場所によって違うということを考え，表現させることをねらいの1つとしている。その中で，位置や広がり，分布といった空間的な見方や考え方，地形条件や交通などの社会的な条件と土地利用の様子との関連といった関係的な見方や考え方を養い，働かせることができるよう，身近な地域の様子と区の様子を2つの小単元に分けず，1つの単元内に位置付けることとした。単元の前半では身近な地域の様子を扱う。その中で空間的，関係的な見方や考え方について触れる。これをモデル学習として，後半では区の様子について学習する際，これらの見方や考え方を活用し，働かせることができるような場面を設定した。これらの学習を経験することによって，子どもたちが別の地域や市区町村を訪れたり，それらの地図を見たりする際に，その様子や背景にある社会的条件や自然的条件について想像したり，考えをめぐらせたりするなど，より豊かな眼差しを持ってそれらと関わることができるようになる。この単元において実現したい深い学びである。また，フィールドワークがそれを実現するために重要であることは述べた通りである。

3．単元の計画

（1）単元名　わたしたちのまち（全17時間）

（2）単元の目標

身近な地域や区の様子について，調査活動で調べたことを絵地図や白地図にまとめることを通して理解し，場所によって違いがあることを考えるようにする。

（3）評価規準

知識及び技能	思考力・判断力・表現力等	学びに向かう力・人間性等
①身近な地域や区の特色ある地形，土地利用の様子，主な公共施設などの場所と働き，交通の様子，古くから残る建造物の場所と様子などを理解している。 ②身近な地域や区の様子について調査し，絵地図や白地図にまとめている。	①身近な地域や区の様子について学習問題や予想，学習計画を考え表現している。 ②身近な地域や区の様子は，場所によって違いがあることを地形条件や社会的な条件との関連から考え表現している。	①身近な地域や区の様子について興味・関心を持ち，進んで追究しようとする。 ②身近な地域や，区の様子の特色について考えようとしている。

（4）単元の指導計画（17時間扱い・○番号は時数，〔 〕の数字は，各学習過程の段階）

学習過程	ねらい	○主な学習活動	指導上の留意点　※評価
オリエンテーション	①宝探しゲームを楽しみながら，四方位，縮尺について理解する。	○教師から提示されるヒントを手掛かりに宝の地図を見ながら，宝のありかを見つけ出す。	※四方位，縮尺について理解している。
つかむ〔1〕	②身近な地域の様子について興味・関心を持ち，学習問題を設定する。	○生活科「まちたんけん」で行った場所や，教師が撮影した身近な地域の特色のある場所（土地の使われ方，地形，公共施設，古くから残る建造物など）の写真を，学区域の白地図のどこに位置付ければよいかについて考え話し合う。 ○次のような主旨の学習問題を設定する。 　学校のまわりは，どのような様子になっているのだろう？	※身近な地域の様子に興味・関心を持ち，進んで学習に取り組もうとしている。 【学びに向かう力・人間性等①】
	③④予想を立て，学習の見通しを持つ。	○前時の写真の場所の位置や，土地の使われ方について学区域の白地図上に予想を書き込む。 ○屋上から四方位を眺め，白地図に表した自分の予想と比較する。 ○複数のグループに分かれて，学校のまわりの様子を調査して絵地図にまとめることや，グループの分担場所，調査メモの取り方，絵地図をつくる際のルールなどを確認し，学習計画を立てる。	※学習問題に対する予想を考え表現している。 【思考力・判断力・表現力等①】
しらべる〔1〕	⑤⑥学校の周りの様子について調査し，情報を集める。	○グループごとに分担する場所の様子（土地の使われ方，特色のある地形，公共施設，古くから残る建造物など）を調査し，わかったことを学区域の白地図にメモする。	※調査してわかったことを白地図にメモしている。 【知識及び技能②】
	⑦⑧白地図のメモをもとに絵地図を完成させる。	○グループごとに調査してわかったことをもとに絵地図をつくる。 ○全てのグループの絵地図をつなぎ合わせて，学級で1枚の学区域の絵地図を完成させる。	※調査してわかったことを絵地図にまとめている。 【知識及び技能②】

第3部　実践編　授業づくりの実際

学習過程	ねらい	○主な学習活動	指導上の留意点　※評価
まとめる〔1〕	⑨⑩完成した絵地図を見て，身近な地域の様子の特色について考え，学習問題を解決する。	○完成した絵地図を，広がりや分布に注目して眺め，気が付いたことを話し合う。 ・住宅が集まっている場所 ・お店が集まっている場所 ・公共施設の位置　　など ○完成した絵地図や話し合ったことをもとに，学習問題を解決する。	※身近な地域の様子は場所によって違いがあることを考え表現している。 【思考力・判断力・表現力等②】 ※身近な地域の様子について理解している。 【知識及び技能①】 ※身近な地域の特色について考えようとしている。 【学びに向かう力・人間性等②】
つかむ〔2〕	⑪区の様子について興味・関心を持ち，学習問題を設定する。	○学区域を世田谷区全体の白地図に位置付ける。 ○自分たちが調査した学区域以外の場所は，どのような様子になっているのか，また教師が提示した区の特色ある場所の複数の写真が，区の白地図上のどこに位置付くのかについて考え話し合い，次の主旨の学習問題を設定する。	※区の様子について興味・関心を持ち，進んで学習に取り組もうとしている。 【学びに向かう力・人間性等①】
		世田谷区全体は，どのような様子になっているのだろう？	
	⑫予想を立て，学習の見通しを持つ。	○区の地形の特色を示す地図を見ながら，土地の使われ方，交通の様子，公共施設の位置などについて予想を立て話し合い，学習計画を立てる。	※区の様子について予想，学習計画を考え表現している。 【思考力・判断力・表現力等①】
しらべる〔2〕	⑬区内の土地の使われ方について資料を調べて情報を集める。	○区内の土地の使われ方について，資料から情報を読み取り，白地図にまとめ，気が付いたことを話し合う。 ○土地の使われ方についてわかったことをもとに，区内の交通の様子について，駅があるのは白地図上のどの辺りか，大きな道路はどこを通っているか，などの予想を立て，話し合う。	※資料を調べてわかったことを白地図にまとめる。 【知識及び技能②】
	⑭区内の交通の様子について資料を調べて情報を集める。	○区内の交通の様子について，資料から情報を読み取り，白地図にまとめる。	※資料を調べてわかったことを白地図にまとめる。 【知識及び技能②】
	⑮区内の特色のある場所について資料を調べて情報を集める。	○区内の特色ある場所について，資料から情報を読み取り，白地図にまとめる。	※資料を調べてわかったことを白地図にまとめる。 【知識及び技能②】

学習過程	ねらい	○主な学習活動	指導上の留意点　※評価
まとめる〔2〕	⑯⑰調べてわかったことをもとに気が付いたことを話し合い，学習問題を解決する。	○調べてわかったことをまとめた白地図を見ながら，気が付いたことを話し合う。 ○情報をまとめた白地図や話し合ったことをもとに，学習問題を解決する。	※区の様子は場所によって違いがあることを考え表現している。【思考力・判断力・表現力◇②】 ※区の様子について理解している。【知識及び技能①】 ※区の特色について考えようとしている。【学びに向かう力・人間性等②】

4. 授業の実際

第1時

　導入では，①児童館，②商店街，③神社，④住宅地，⑤傾斜の大きい坂道，の5枚の写真を提示した。子どもたちからは，「ここ知ってる！」といった声が上がる。次に，拡大した学区域の白地図を黒板に掲示し，「どれがどの場所にあるか，説明できるかな？」と投げかけた。グループごとに，配布された学区域の白地図上に①から⑤の丸シールを貼り，どの写真の場所がどこにあるのかを位置付ける。各グループの白地図を掲示して比べると，子どもたちは，自分たちの意見がばらばらであることに気が付く。そのことによって「本当は，地図のどの辺りになるのかな？」「自分たちのまちのこと，まだよく分かっていないな。」という気持ちを引き出し，学習問題である「学校のまわりは，どのような様子になっているのだろう？」を設定した。

第4〜7時

　保護者の協力を得て，フィールドワークに取り組ませた。各グループは，自分たちが分担しているエリアを実際に歩きながら周囲の様子を観察し，土地の使われ方や地形の特色についてメモを取っていった。それをもとに，各グループが分担しているエリアの様子を表す絵地図を作った。それらを全てつなぎ合わせることで，学区域全体の絵地図を完成させた。

第8・9時

　完成した絵地図をもとに学習問題を解決する場面である。まず，絵地図を見て気が付いたことについて話し合わせた。子どもたちからは「お店が集まっている場所がある。」「公園は，色々な所にある。」といった意見が出された。そこで，「お店がここに集まっているのはどうしてなのかな？」「公園は，どうしてお店のように一箇所に集まっていないのかな？」と投げかけ，話し合わせた。多くの子どもが，人がたくさん集まる駅の近くに商店街があること，どこに住む人でも利用できるように公園があちらこちらにあることを考えることができていた。子どもたち一人一人の意見をまとめ，学習問題に対して「学校のまわりは，住宅が多い。南には大きな駅があるため，お店が集まっている。みんなが利用できるように公園や児童館は散らばっている。西は土地が低くなっていて坂が多い。」と解

決をした。

[第10時]

まず，自分たちの学区域が区のどこに位置しているのか，地図上に正しく位置付けた。次に，「学校のまわりのことは分かったけど，区全体は，どのような様子なのだろうね？」と投げかけたあと，区内の特色ある地域の様子（商業地，住宅地，農耕地，寺社の多い地域）を写した写真を4枚提示した。それぞれが地図のどこに位置付くのか，グループで話し合い，全体で交流した。意見の相違から「実際は，どうなのだろう？」という問題意識が高まり，学習問題「世田谷区全体は，どのような様子になっているのだろう？」を設定した。

図1．学区域　　図2．世田谷区

[第12〜14時]

調べる場面である。まず，区の土地の使われ方について，分布図から事実を読み取った。その際，学区域の学習で使った分布に着目する見方を想起させた。次に，気付いたことを話し合わせると，公共施設や公園が散らばっていること，商店が集中している場所があることなどが

図3．土地の使われ方　　図4．鉄道と駅

挙げられた。「商店が集中しているのは，どのような場所だと考えられますか？」との教師の発問に，多くの子どもたちが「駅が近くにあるはず。」と答えた。学区域の学習を活用することができていた。そこで，「では，実際はどうなのか。区の交通の様子はどのようになっているのだろう？」と問いを投げかけ，区内のどの辺りに駅があるのか，大きい道路はどこを通っているのかについて予想をさせた上で，地図で事実を確認した。

[第15・16時]

学習問題を解決する場面である。一人一人が自分の考えをノートに書いた上で，全体で意見を交流した。子どもたちの意見をつなぎ合わせ，学習問題に対して「世田谷区は，全体的に住宅が多い。南西に大きな川と自然，北東ににぎやかな街がある。北西には，お寺がたくさん集まっている。鉄道が東西に，大きな道路が南北に走っている。」と解決した。

5．実践を終えて

問題解決的な学習における一つ一つの過程（学習問題の設定，予想，調査，解決）を丁寧に指導することで，単元を通して子どもたちの高い学習意欲が持続された。学習を通して，身近な地域や区に対する興味・関心とともに，分布や土地の使われ方と交通の様子との関連といった，空間的，関係的な見方・考え方についても慣れ親しむことができた。

（内田　稔）

第2節　小学校　第4学年　単元名「水はどこから」

1．単元の概要

　本単元は，学習指導要領　第4学年の内容（2）に基づいて設定されたものである。人々の健康や生活環境を支える事業に関する学習であり，飲料水，電気，ガスの中から1つ選択するよう示されている。本実践では，飲料水の供給を取り上げた。

　本単元のねらいは，飲料水を供給する事業は，県内外の人々の協力を得ながら，安全で安定的に供給できるよう進められており，それが地域の人々の健康な生活の維持と向上に役立っていることを理解させることである。本実践では，単元の導入で飲料水を供給する事業と自分たちの生活とのかかわりについて扱い，その重要性を捉えた上で，供給の仕組みや経路などを調べていく流れとした。

2．授業づくりの視点

（1）主体的な学習に向けて

　本実践では，都（道府県）全体で1日に使用する水道水の量の大きさを子どもたちに実感させることで，「そんなにたくさんの水をどうやって手に入れているのだろう？」という問題意識を持たせるよう意図した。量の大きさに対する驚きを生むためには，子どもたちがその大きさを具体的にイメージできる形で示す必要がある。単に数字で示しただけでは，子どもたちはその量の大きさを実感することができない。例えば，東京都全体で1日に使用する水道水の量は，およそ42億リットルである（2014年調べ）。億という単位の大きさは，大人でも想像することが難しい。そこで，この量を時間に置き換えて示す，という手法を本実践では取り入れた。

（3）対話的な学習に向けて

　本実践では，水道水を供給する事業について調べる場面において，ジグソー学習を取り入れた。水道水が家庭に届くまでの経路について調べたあと，その要所となっている水源林，ダム，浄水場の3つについて，グループの中で子どもたちが分担をして調べる。その後，同じ場所を調べた子どもたち同士でグループをつくり，情報を補い合う。最後に，元のグループに戻り，それぞれが調べてわかったことについて他のメンバーに解説をする，というものである。

　このような活動を取り入れることで，一人一人が責任を持ち意欲が向上したり，友達にわかりやすく説明しようとしたりすることから，調べたことをまとめる技能や要点をおさえて表現する力を養えたり，知識の一層の定着を図ったりすることが期待できる。

（4）深い学びに向けて

　学習と生活を結び付けて捉えさせたり，子どものものの見方や考え方をより豊かなものにしたりするために，本実践では2つの手立てを用いた。1つは，単元の導入で過去に起きた深刻な水不足の事実を取り上げることである。もう1つは，単元の終末でダム建設の

第3部　実践編　授業づくりの実際

経緯について触れることである。前者は，飲料水がどれだけわたしたちの生活にとって欠かせないものであるかを捉えさせることができ，後者は，時間的なものの見方を養うとともに，それに従事した先人たちの思いや努力について触れることで，飲料水を供給するという事業や飲料水そのものに対する見方がより豊かなものになると期待できる。

3. 単元の計画

（1）単元名　水はどこから（全10時間）

（2）単元の目標

　飲料水を供給する事業は，安全で安定的に供給できるよう進められていることや，地域の人々の健康な生活の維持と向上に役立っていることを理解する。

（3）評価規準

知識及び技能	思考力・判断力・表現力等	学びに向かう力・人間性等
①飲料水と自分たちの生活や産業とのかかわりを理解している。	①飲料水を供給する事業について学習問題や予想，学習計画を考え表現している。	①飲料水を供給する事業について興味・関心を持ち，進んで追究しようとする。
②飲料水の供給にかかわる事業は計画的，協力的に進められていることを理解している。 ③飲料水を供給する事業について資料などで調べたことを図にまとめている。	②飲料水を供給する事業が果たしている役割について考え表現している。	②飲料水を供給する事業と，自分や社会とのかかわりについて考えようとしている。

（4）単元の指導計画（10時間扱い・○番号は時数）

学習過程	ねらい	○主な学習活動	指導上の留意点　※評価
つかむ	①飲料水の供給が自分たちの生活や産業に欠かせないものであることを理解する。	○写真「東京大渇水」を見て，話し合う。 ○飲料水が使えなくなると，どのような困ったことが起こるかを考え，話し合う。 ○文章「東京大渇水」を読み取り，実際に当時どのようなことが起きたかを知る。 ○自分たちが1日の生活で，何にどれくらいの量の水を使用しているかを調べる。	※飲料水と自分たちの生活や産業とかかわりを理解している。 【知識及び技能①】
	②飲料水を供給する事業に興味・関心を持ち，学習問題を設定する。	○学校で1日に使用する飲料水の量について調べる。 ○東京都全体で1日に使用する飲料水の量について調べる。 ○東京都全体で1日に使用する飲料水の量を飲み干すのにどれだけ時間がかかるか，また東京都の飲料水は「東京水」としてペットボトルで販売されている事実を知り，	※飲料水を供給する事業について興味・関心を持ち，進んで学習に取り組もうとしている。 【学びに向かう力・人間性等①】

99

学習過程	ねらい	○主な学習活動	指導上の留意点 ※評価
		東京都は，こんなにたくさんの安全でおいしい水をどうやって手に入れているのだろう？	
		という主旨の学習問題を設定する。	
	③予想を立て，学習の見通しを持つ。	○学習問題に対する予想をワークシートをもとに考え，話し合う。 ○予想をもとに学習計画を立てる。	※学習問題に対する予想を立て表現している。 【思考力・判断力・表現力等①】
しらべる	④飲料水が家庭に届くまでの経緯について，資料から調べ，図にまとめる。	○飲料水が家庭に届くまでの経緯について，資料を調べてわかったことを図にまとめる。 ○水源林，ダム，浄水場の３つについてジグソー学習で追究していくことやその方法について知り，グループの中で分担を決める。	※資料を調べてわかったことを図にまとめている。 【知識及び技能③】
	⑤⑥水源林,ダム,浄水場について資料から調べ，図にまとめる。	○自分が分担した場所について，資料から情報を集め，図にまとめる。 ○同じ場所を調べた人たち同士でグループをつくり，情報を交換し補い合う。	
	⑦水源林，ダム，浄水場について友達の報告を聞き，情報をまとめる。	○元のグループ内で，お互いが調べてまとめた図をもとに，わかったことを報告し合う。	
	⑧資料から飲料水を供給する事業は，都内外の協力によって支えられていることを読み取る。	○東京都の水源林，ダム，浄水場の位置や広がりについて，地図を使って調べ，気が付いたことを話し合う。	※飲料水を供給する事業は，都内外の協力によって支えられていることを理解している。 【知識及び技能②】
まとめる	⑨集めた情報をもとに学習問題を解決する。	○飲料水を供給する事業について，その仕組み，経路，都内外の人々の協力など，これまで集めてきた情報をもとに，学習問題を解決する。	※飲料水を供給する事業は，計画的，協力的に進められていることを理解している。 【知識及び技能②】
いかす	⑩ダムが完成するまでの経緯について調べることを通して，飲料水を供給する事業の重要さと困難について知る。	○小河内ダムが完成するまでの経緯について，年表,文章資料,映像をもとに調べる。 ○学習を振り返り，学んだことをもとに考えたことをノートに書き，話し合う。	※飲料水を供給する事業と自分や社会とのかかわりについて考えようとしている。 【学びに向かう力・人間性等②】

第3部 実践編 授業づくりの実際

4. 授業の実際

第1時

①1枚の写真から事実を読み取り，何をしているのかを考える。
・大勢の人が並んでいる。
・みんな，手にやかんや鍋などの容器を持っている。
・タンクのついた車が停まっているよ。

②およそ50年前に起きた東京の水不足について知り，どのようなことが困るかを考え，文章資料で確かめる。

「東京大渇水」（1964年）
（以下，写真（p.102 も）は，東京都水道局 HP より）

・水道が24時間使えない日が何日も続いたんだ。
・お風呂，トイレ，歯磨き，ごはんの用意もできない。
・手術や治療ができなくなったり，工場やお店などでも仕事ができなくなったりしたんだ。

③家庭の1日の水道水使用量と，何にどれくらいの水を使っているのかを調べる。
・1日およそ240ℓも使ってるんだ。
・お風呂，トイレ，炊事，洗濯の順番なんだね。

第2時

①学校の1日の水道水使用量について，水道料金の請求書を使って調べる。

②東京都の1日の水道水使用量について，資料から読み取る。
・4200000000ℓ！学校のプール（25mプール）約7467杯分になるんだ。
・でも，いまいちピンとこないな……。

「東京水」

③コップ1杯（200ml）を何秒で飲めるかを実際に計り，そのペースで飲み続けたとして，東京都の1日の使用量を飲み終わるまでにどれくらい時間がかかるかを調べる。
・コップ1杯を5秒で飲んだとしたら，飲み切るまでに3330年もかかるんだ！
（※1杯／1秒→約666年）
・そんなにすごい量なの！しかもたった1日で！

④「東京水」のポスターを見て，東京の水道水が世界に誇れるほど，安全でおいしい水であることを知る。
　→ 学習問題 「東京都では，これだけたくさんの安全でおいしい水をどのように手に入れているのだろう？」

第4～8時

　第4時では，飲料水が家庭に届くまでの大まかな経路について資料から情報を読み取り，まとめる。経路中にある水源林，ダム，浄水場の3つについて，グループ内で役割分担をして調べていくことを伝える。
　第5・6時では，自分が担当している場所について副読本などを使って調べ，集めた情

101

報をノートにまとめる。第6時の最後には，同じ場所について調べたメンバーで3～4人のグループをつくって情報を交換し，不足した情報を補い合ったり，もとのグループで説明する際の練習としてアドバイスをし合ったりする。

第7時では，もとのグループ内でお互いが調べてわかったことを説明し合う。学級全体でも，それぞれの場所について，代表の子どもに自分のノートを実物投影機やデジタルカメラなどで撮影したものを画面に映し出しながら説明させるなどして情報を共有する。

第8時では，東京都の飲料水を確保するための水源林，ダム，浄水場の数や位置などを地図で確認する。このことを通して，他県の人々との協力によって，飲料水を供給する事業が成り立っていることを読み取らせたい。

第10時

○小河内ダムの建設前と建設後の写真を見て，ダムの大きさや周囲の様子について知る。

T：ダムを作るのは大変そうだよね。どんなことが大変だと思う？
C：山の中に材料を運ぶ。
C：作るものが大きい。
C：住んでいる人たちがいる。
T：小河内ダムがどのように作られていったか，知りたくない？
C：知りたい。
T：では，貴重な資料をお見せしましょう。東京都水道局から貸していただいた映像です。わかったことはメモしておこうね。

■映像資料「小河内ダム建設」

上「小河内ダム建設前の様子」，下「小河内ダム」

T：わかったことをもとに，感じたことや考えたことをノートに書きましょう。
C：小河内ダムを作るために，長い年月をかけ，多くの犠牲者を出したことを知って，ダムを作るのがどれだけ大変な作業なのかがわかった。
C：そこまでしてやらなければいけないほど，水を確保するのはわたしたちにとって大切なんだと改めて思いました。
T：1つのダムを作るということが，どれだけ大変なことなのかがよくわかりましたね。でも，現在東京都の人たちが使う水道水を確保するためには，全部でいくつのダムが必要になっていましたっけ？

(前時の地図で確認)

第3部│実践編　授業づくりの実際

C：14個です。しかも，小河内ダム以外は全て他県にあります。

T：そうですね。これで，「水はどこから」の学習は終わりになります。最後に，これ
　　までの学習を通してわかったことをもとに，自分の考えをノートに書きましょう。

5.　実践を終えて

　本実践では，導入部分で東京大渇水，終末部分で小河内ダム建設の様子といった歴史的
な視点を取り入れた教材をそれぞれ扱った。子どもたちからは，「みんなが水を使えるよ
うにするために住んでいた村を離れた人たちや命を落とした人たちもいた。もっと水を大
切にしなければと思った。」などの感想が聞かれた。また，このようなダムを作るための
苦労や努力を1つの点として捉えさせ，さらに東京都の飲料水を確保するためには，同様
なダムが14基も必要になることを地図上で確認させることで，空間的に面としての意識
が生まれ，子どもたちの認識を豊かにする上で有効な手段となった。このことは，他県と
の協力について考えさせることにもつながった。

　この実践によって，飲料水の確保・供給という社会的事象に対する子どもたちの認識に
厚みを加え，それまで当たり前だと思っていた蛇口から流れ出る飲料水を見る目をより豊
かにしたのではないかと思う。

（内田　稔）

第3節 小学校 第5学年 単元名「水産業と私たちのくらし」

1. 単元の概要

　本単元は，学習指導要領　第5学年の内容（2）に基づいて設定されたものである。食料生産に関する学習は，その概要に関する内容と，食料生産にかかわる人々の工夫や努力に関する内容の2つに大きく分けられる。本単元は，その後者にあたり，水産業に関わる人々の工夫や努力について学習する内容となっている。

　ユネスコの無形文化遺産への登録をはじめ，近年，外国で日本食の人気が高まっている。その中でも寿司や刺身といった水産物が好まれているという。わたしたち日本人の食生活においても水産物は欠かせない食料である。単元の導入では，これらのことをおさえた上で，寿司のネタとしても人気が高く，子どもたちにとっても身近な水産物の一つであるマグロを取り上げ，自分たちの食卓に並ぶまでの過程に関する疑問をもとに，学習問題を設定する。調べる・まとめる段階では，地図など各種資料をもとに調べたことを図にまとめていきながら，必要な情報を集め，学習問題の解決を図る。単元の終末では，乱獲が原因となり，マグロの絶滅が危惧されていることや，日本人の消費が世界のクロマグロの生産量のおよそ8割を占めているといった事実を知り，生産者，販売者，消費者の3つの立場からそれぞれ解決のためにどのようなことができるのかを考え，話し合う。最後に，実際の事例として，「近畿大学のマグロ養殖」と「海のエコラベル」の取り組みについて調べる。

2. 授業づくりの視点

（1）主体的な学びに向けて

　2013年にユネスコ無形文化遺産に登録されるなど，日本食に対する関心の高まりから，世界では日本食ブームが起きている。日本貿易振興機構の調査によれば，海外の人々に最も人気がある料理は，寿司・刺身となっている(2013)。日本人のみならず，海外の人々にとっても，日本食と水産物は切っても切れないイメージがあることがうかがえる。寿司が好きだという子どもも多い。中でも好きなネタとして，必ず上位にあげられるのがマグロである。しかし，それほど人気があり，身近なマグロが，どこで，どのように獲られ，どのように運ばれてくるのかを知っている子どもは少ない。そこで本実践では，その「身近なものなのに，全く知らない」という「ずれ」を生かして学習問題を設定する。

（2）対話的な学びに向けて

　本実践において，対話的な学びを効果的に設定できる場面はいくつかある。まずは，学習問題に対して予想を立てる場面である。マグロが，①どこで（漁場），②どのように獲られ（漁獲方法），③どのように運ばてくるのか（輸送方法・経路），の3つについて，一人ひとりが予想を立てた上で，グループ，学級全体で話し合う活動を設定する。その際，教師は子どもの発言に対して，意見をより具体的に掘り下げられるよう問い返すことが大事である。大まかには似ている意見であっても，具体や細かい部分にまで落とし込んでいくと，

自分と友達との意見の違いが明らかになることがある。多様な意見が出てくるほど、「実際は、どうなのだろう？早く確かめたい！」と追究する意欲が高まる。問い返すことで、小さな"？（はてな）"を子どもたちの頭の中にできるだけ多くつくってあげることが大切である。次に、調べる場面においてである。一人ひとり、地図や資料をもとに調べてわかったことを図解として作成させる。その図をもとに、グループ、全体で説明をさせる。その際、情報を補い合うことはもちろん、図解化や説明の仕方などの技能面についても、お互いの違いに着目させ、学び合えるように意識付けを行うことが重要である。

　最後に、単元の終末においてである。本実践では、学習してきたことをもとに、水産資源の枯渇という問題に対して、どうすればよいのかを考え話し合う活動を設定した。

（3）深い学びに向けて

　学んでいることを自分たちや自分たちの生活と結び付けて捉えられることが大事である。本実践では、4年生での実践と同様に、単元の終末に「いかす」という学習過程を設定している。これは学んできたことを活用して、社会の問題に対して考えることを通して、子どもたちがこのことに関心を持ち続けることができるように意図したものである。その中で、マグロなど水産資源の枯渇の問題に対する取り組みとして、海のエコラベルを取り上げた。水産資源の枯渇という問題の解決を、生産者や販売者のみに任せるのではなく、水産資源の保護に資するよう工夫して漁獲された水産物を選び、「買い支える」ことで、消費者である自分たちにも大きな役割を果たせることを考えさせたい。このことは、学習後、例えば、スーパーマーケットの鮮魚コーナーで商品を見る際の、子どもの目をより豊かにするという意味で、この単元で実現できる深い学びと言うことができるだろう。

3. 単元の計画

（1）単元名　水産業と私たちのくらし（全9時間）

（2）単元の目標

　水産業にかかわる人々は、生産性や品質を高めるよう努力したり輸送方法や販売方法を工夫したりして、良質な食料を消費地に届けるなど食料生産を支えていることを理解する。

（3）評価規準

知識及び技能	思考力・判断力・表現力等	学びに向かう力・人間性等
①マグロ漁業にかかわる人々の工夫や努力を理解している。	①マグロ漁業にかかわる人々の工夫や努力について学習問題や予想、学習計画を考え表現している。	①マグロ漁業にかかわる人々の工夫や努力について興味・関心を持ち、進んで追究しようとする。
②マグロ漁業にかかわる人々の工夫や努力について地球儀や地図、各種の資料で調べ、図にまとめている。	②需要と関連付けて、マグロ漁業にかかわる人々の働きを考え表現している。	②水産資源の保護に関する問題と、自分たちのかかわりについて考えようとしている。

（4）単元の指導計画（9時間扱い・○番号は時数）

学習過程	ねらい	○主な学習活動	指導上の留意点　※評価
つかむ	①マグロ漁業にかかわる人々の工夫や努力について興味・関心を持ち，学習問題を設定する。	○世界で日本食が人気となっていることや，日本食が世界遺産に登録されたことを知る。 ○世界の人々が好きな日本食のランキングから，寿司・刺身が一位であることを知る。 ○寿司のネタとしてマグロの人気が高いことや，世界で漁獲されるクロマグロのおよそ80％を日本人が消費していること，マグロの大きさや重さを知り，家庭に届くまでの経路を考えることを通して， マグロは，どこで，どのように獲られ，運ばれてくるのだろう？ という主旨の学習問題を設定する。	※マグロ漁業にかかわる人々の工夫や努力について興味・関心を持ち，進んで学習に取り組もうとしている。 【学びに向かう力・人間性等①】
	②予想を立て，学習の見通しを持つ。	○学習問題に対する予想を考え，話し合う。 ○予想をもとに学習計画を立てる。	※学習問題に対する予想を考え表現している。 【思考力・判断力・表現力等①】
しらべる	③マグロの漁場について，資料から情報を読み取り，図にまとめる。	○マグロがどこで獲られているかについて，資料から情報を読み取り，図にまとめ，グループ・全体で交流する。	
	④マグロの漁獲方法について，資料から情報を読み取り，図にまとめる。	○マグロを獲る方法について，資料から情報を読み取り，図にまとめ，グループ・全体で交流する。	※資料を調べてわかったことを図にまとめている。 【知識及び技能②】
	⑤⑥マグロの輸送方法・経路について，資料から情報を読み取り，図にまとめる。	○マグロを輸送する方法や経路について，資料から情報を読み取り，図にまとめ，グループ・全体で交流する。	
まとめる	⑦集めた情報をもとに学習問題を解決する。	○これまでまとめてきた図をもとに，学習問題に対する自分の考えを書き，交流する。	※マグロ漁業にかかわる人々の工夫や努力について理解している。 【知識及び技能①】
いかす	⑧⑨水産資源の枯渇という問題を知り，その解決と自分たちの生活にかかわりがあることを考える。	○マグロの漁獲制限に関する新聞記事から，水産資源の枯渇という問題を知る。 ○水産資源を守るために，だれに何ができるのかを考え，話し合う。 ○水産資源を守る取り組みとして，マグロの養殖技術の確立や海のエコラベルがあることを知る。	※需要と関連付けて，マグロ漁業にかかわる人々の働きについて考え表現している。 【思考力・判断力・表現力等②】

第3部 | 実践編 授業づくりの実際

学習過程	ねらい	○主な学習活動	指導上の留意点 ※評価
		○これまで学んできたことを自分の生活や社会の在り方に関連付けて，自分の考えをノートに書き，交流する。	※水産資源の保護と自分や社会とのかかわりについて考えようとしている。【学びに向かう力・人間性等②】

4. 授業の実際

第1・2時　つかむ場面

　第1時では冒頭，子どもたちに中華料理，イタリアンといった好きな外国料理は何かを問う。その後，「外国の人たちに一番人気があるのは，どの国の料理だと思う？」と投げかける。少し考えさせたあと，3位タイ料理，2位イタリア料理，1位日本料理（※2013日本貿易振興機構の調査による）と順番に提示していく。子どもたちから「おーっ」と歓声が上がる。ここで，2013年に日本食がユネスコ世界文化遺産に登録されたことを伝えてもよい。さらに，日本食の中でも一番人気のある料理は何だと思うかを問う。少し自由に意見を言わせたあと，3位てんぷら，2位ラーメン，1位すし・さしみ（※同上）であることを示す。次に，子どもたちに好きなすしのネタは何かを問う。少し自由に意見を言わせたあと，中でもマグロの人気が高いことを伝え，「日本人がどのぐらいマグロが好きなのかと言うとね……」と言いながら，世界の人口の1.7％に過ぎない日本人が，世界で漁獲される太平洋クロマグロのおよそ80％（2013年）を消費していることを円グラフで示す。そこで「日本人がこんなに大好きなマグロのこと，みんなはどれくらい知っている？」と投げかけ，マグロについて知っていることを1分ほどでノートに書き出させ，話し合わせる。その上で，クロマグロの成魚は全長約3m，体重400kgほどであることを示す。その際，子どもたちが大きさや重さを実感できるような形で示すのがよい。例えば，模造紙に実物大のクロマグロを描いたものや，体重が学級の子どもの何人分であるか，などで示すことが考えられる。それから，家庭の食卓，スーパーや鮮魚店などの小売店の写真やイラストを用いながら，マグロが自分たちの口に入るまでの経路について，その大きさや重さなどとも関連付けさせながら考えさせる。ここでは「自分たちは，マグロがどのように自分たちのもとに届くのかがわかっていない」ということに気付かせ，『マグロは，どこで，どのように獲られ，運ばれてくるのだろう？』という主旨の学習問題を設定する。

　第2時では，改めて学習問題に対する予想をじっくりと考え，話し合わせる。その際，①どこで（漁場），②どのように獲るのか（漁獲方法），③どのように運ぶのか（輸送方法・経路）の3つの観点についてそれぞれ個人で考えさせる。それから，グループで意見を交流し，さらに学級全体で話し合う。ここで子どもたちから出た予想は，模造紙や画用紙にまとめておくとよい。しらべる場面やまとめる場面でもこれらを提示し，つねに予想と比較しながら，自分たちの学びを確かめることができるからである。

107

> 第3〜6時　しらべる場面

調べる際には，資料から読み取った情報を図解化させるとよい。学習問題を解決するために必要な情報を取捨選択し，取り出した情報と情報

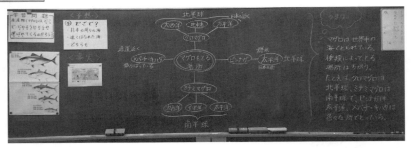

授業の板書

との関係について考え，線や矢印で結ぶことで表現する。この方法には，ただ単に箇条書きするのとは異なり，子どもたちが自分で判断したり，思考したり，創意工夫したりする余地がある。出来上がった図には，一人ひとりの個性が表れ，いわば作品としての味わいがある。多様であるがゆえに学び合う価値も生まれ，技能としても高まっていく。方法は，いたってシンプルである。①資料からキーワードを抜き出す。②キーワードとキーワードの関係を捉えて，配置し，線や矢印で結ぶ。③必要があれば，その関係性を表す短い言葉を付け加える。以上の3つのステップである。はじめの内は，難しいと感じる子どもも少なからずいるが，次第に慣れてくると，どの子にとっても「楽しい」活動となる。学んだことが視覚化されるので，意見を交流する際や，学んだことを総合して学習問題を解決する際にも効果を発揮する。また，完成した図をもとに「つまり…」と言葉で要約させておくとよい。

> 第7時

これまでまとめてきた図をもとに，学んだことを総合して学習問題への解決を一人ひとりが図る。「まとめる」（総合する）ということは，情報と情報の間にある共通点を発見し，それを表現することができる簡潔な言葉を与える，という作業である。その際に有効なのが，上述の図であり，それぞれの図を要約した言葉である。それらがきちんと記録され，視覚化されているからこそ，それらを活用して，学習問題に対する自分なりの答えを，自分の言葉で導き出すことができる。

本実践における学習問題の解決例は，次のようなものであった。「マグロは，世界中の海で獲られていて，種類によって漁場が異なる。漁獲方法は，主に延縄，巻網，一本釣りの3つがある。輸送方法は，生マグロか冷凍マグロかによって異なる。海外で水揚げされた生マグロは飛行機で，冷凍マグロは船で運ぶ。」

> 第8・9時

ショーケースに入ったマグロのすしの写真を提示。ケースの前に立てられた説明には，「ポピュラーな食べ物だったが，21世紀に絶滅した」（GREENPEACEのＨＰより）とあることを説明する。

これは1つの予測であることを伝え，「どうしてこんなことが起こると考えられている

のだろう？」と投げかけたあと，マグロが絶滅の危機にあることを伝える新聞記事やニュース番組の画面を示す。そこで「マグロが絶滅してしまうほど減ってしまったのは，なぜだろう？」と問いかけ，その原因を考えさせる。第1時で取り上げた，日本食への人気の高まりなどと関連付けて意見を述べる子どもも出てくるだろう。太平洋クロマグロの漁獲量の約9割が幼魚であること，それが巻網による乱獲によるものであることを伝える。「マグロの絶滅を防ぐために，誰に何ができるだろうか？」と問いかけ，生産者，販売者，消費者の3つの視点から，それぞれにできることを話し合う。

その上で，水産資源の保護に向けた取り組みとして，「近畿大学のマグロ完全養殖」と「海のエコラベル」について，教師が作成した資料から情報を読み取る。

最後に，これまで学習してきたことを自分たちの生活や社会の在り方に結び付けて，自分の考えをノートに書き，交流し合う。

「クロマグロ完全養殖」
（近畿大学水産研究所）

5．実践を終えて

2017年版学習指導要領では，社会科の目標に関する記述において，「社会に見られる課題を把握して，その解決に向けて社会への関わり方を選択・判断したりする力」を養うことを求めている。本実践では，子どもにとって身近であり，かつ国際社会においてもその絶滅が大きな問題として取り上げられているマグロを事例として扱った。とりわけ単元の終末において，水産資源の保護策として「海のエコラベル」を教材化したことで，消費者である自分たちの消費行動によって，ルールに則った健全な生産者を支えることができ，ひいては水産資源の枯渇という問題への解決にもつながるという事実に気付かせるとともに，この問題に対する子どもたちの興味・関心を高めることに成功した。

（内田　稔）

第4節 小学校 第6学年 単元名「新しい時代の幕開け」

1．単元の概要

　本単元は，江戸時代末期にペリーが浦賀に来航した出来事から，幕府が倒れ，明治新政府が廃藩置県や四民平等など，国の仕組みを整えるまでの約20年間を扱ったものである。この時代を扱った小説や映像作品も数多い。ただし，江戸時代までの歴史学習とは一線を画し，複数の人物の視点をもって歴史事象を捉える必要があるために，情報を整理することが難しく，誰が何をした人物なのかが難解と感じてしまう児童も少なくない。

　そこで，本実践では，歴史事象に登場する人物の立場を整理して，吹き出しを用いたまとめ活動を行った。吹き出しを用いることで，歴史人物の立場がはっきりするため，調べたことを文章でまとめやすくなると考えたからである。

　本稿での授業実践は，西郷隆盛と大久保利通が袂を分かつまでの過程を学習するものであり，児童が自らの考えを表現したり，友達の考えを聞いたりする活動も盛り込む。本単元で留意することは，それぞれの歴史人物の業績を落とさずに扱うことと，大まかな歴史の流れを捉えさせることである。そのために，教科書や年表などの資料を教師が教え込むのではなく，いくつかの資料を児童が主体的に読み取る活動を設定する必要があると考え，本実践の活動を設定した。

2．授業づくりの視点

（1）学習指導要領との関連

　本単元は，学習指導要領の第6学年目標を受け，内容（2）ア（ケ），イ（ア）に基づいて設定した。

　内容（2）　ア（ケ）

> 黒船の来航，廃藩置県や四民平等などの改革，文明開化などの手掛かりに，我が国が明治維新を機に欧米の文化を取り入れつつ近代化を進めたことを理解すること。

　内容（2）　イ（ア）

> 世の中の様子，人物の働きや代表的な文化遺産などに着目して，我が国の歴史上の主な事象を捉え，我が国の歴史の展開を考えるとともに，歴史を学ぶ意味を考え，表現すること。

（2）資料活用のための技能育成

　明治維新の学習では，①江戸幕府が外国への対応によって求心力を失ったこと　②外国と対抗するために倒幕運動が起こり，西郷隆盛・大久保利通・木戸孝允らが中心となって新政府を樹立したこと　③新政府が欧米を参考にして近代国家の仕組みを整えたことの3つを扱う必要がある。短い時間にいくつもの事象を扱うため，児童にとって概念理解が難

しい場合がある。そのため，授業の冒頭部分では，年表を提示して時系列で移り変わる事象を扱い，1時間の授業で扱う範囲を示した上で学習課題に取り組めるようにした。

加えて，課題を解決するために必要な資料の紹介は，簡単なものに留めた上で，学習活動に移るよう留意した。「資料を読み解かなくては課題が解決しない」という状況を作り出し，主体的に資料が読めるよう学習活動を設定した。

（3）吹き出しを使って自らの考えを表す

資料を書き写すだけに終始してしまうと，授業では理解したつもりでも，知識が定着しないことが多い。そこで，自らの考えを書き，話したり，聞いたりする活動を取り入れた。児童が歴史事象について考えを書きやすいように，歴史人物のイラストシールをノートに貼り付けてから吹き出しを付け，セリフを考える活動を行った。調べた内容を吹き出しに書き表すことによって，必要となる知識が自然と定着できるのではないかと考えた。

3．単元の指導計画

（1）単元名

　新しい時代の幕開け（全8時間）

（2）単元の目標

　黒船の来航，明治維新，文明開化と時代が変化し，明治政府が廃藩置県や四民平等，大日本帝国憲法の発布などの諸改革を行ったことを通して，我が国が欧米の文化を取り入れつつ，近代化を進めたことが分かるとともに，それらに関わる人物の願い・働き・文化遺産の意味を考えようとする。

（3）評価規準

【知識及び技能】

　黒船の来航，明治維新，文明開化など時代の変化に応じて，欧米の文化を取り入れながら近代化を進めたことを理解するとともに，地図や年表などの資料で調べ，まとめることができる。

【思考力，判断力，表現力等】

　政治の仕組みや世の中の様子の変化を考え，黒船来航や，倒幕運動，自由民権運動などから，学習問題を見い出して調べたことを基にして，新しい時代の幕開けに尽力した人物の思いや願いについて思考・判断したことを文章で記述したり，説明したりしている。

【学びに向かう力，人間性等】

　黒船の来航から明治維新までの時代の変化とともに，倒幕運動や，諸改革について，明治政府で中心となった人物の働きについて考えたり理解したりしたことを通して，主体的に学習の問題を解決しようとする。

（4）単元の指導計画（○番号は時数）

学習過程	○主な学習活動	指導上の留意点　※評価
つかむ ①	・開国後の錦絵を見て，江戸時代と比べて違いを見つける。 ・開国後に建てられた建物や，当時の横浜の写真を見て，どのような変化があったのかを予想し，学習問題を立てる。	・拡大した開国後の錦絵を提示する。 【学習問題】 新しい国づくりは，だれが，どのように進めたのだろう。 ※①－思考力・判断力・表現力等 　人物の働きや事象について学習問題や予想，学習計画を考え，表現している。
調べる ②	・黒船が描かれた錦絵やペリーの絵から，人々の様子を読み取る。 ・ペリーと幕府が結んだ日米和親条約や，ハリスと幕府が結んだ日米修好通商条約について調べる。	・黒船来航の錦絵に描かれている人物の表情や仕草に注目させる。 ・2つの条約の違いを対比した表を板書する。 ・用語「治外法権（領事裁判権）」，「関税自主権」の意味をおさえる。
③	・大塩平八郎の乱が起こった経緯や，結末について調べて分かったことをもとに，幕府に対する不満が高まったことをつかむ。	・打ちこわしの絵，百姓一揆と打ちこわしの推移を表したグラフを拡大提示する。 ・大塩平八郎の吹き出しに，彼のセリフを書くよう促す。
④	・薩摩藩と長州藩が同盟を結んで，倒幕運動を起こした経緯を調べる。 ・西郷隆盛，大久保利通，木戸孝允が中心となって，倒幕運動を進めたことを調べる。	・坂本龍馬が，どのような経緯で薩長同盟の間に入ったかを解説した動画を提示する。 ・戊辰戦争の経緯をまとめた地図資料を提示し，分かったことをノートに書くよう促す。
⑤	・勝海舟と西郷隆盛の話し合いで，江戸城無血開城がなされたことを知る。	・勝海舟の銅像の写真を提示する。 ・無血開城の経緯を解説した動画を提示する。 ・教科書，資料集に記載されている資料をもとに，分かることを箇条書きにするよう促す。 ※②③④⑤－知識及び技能 　黒船の来航をきっかけに開国したことや，江戸城が話し合いにより明け渡されたことが分かる。
⑥	・明治新政府が新しい国づくりを進める上で，どのような仕組みを整えたのか調べる。	・用語「廃藩置県」「四民平等」についておさえる。 ・木戸孝允の吹き出しに，彼がどのような国づくりを目指したのか表すセリフを書くよう促す。 ・岩倉遣欧使節団が，どのようなことを見聞したか解説動画を提示する。
⑦	・五箇条の御誓文に記された内容を手掛かりにして，明治政府がどのように政治を進めようとしたか考え，セリフを書く。	※⑥⑦－知識及び技能 廃藩置県や四民平等などの改革によって，近代国家として新たな仕組みを整えたことが分かる。
まとめる ⑧	・西郷隆盛が目指した国づくりと，大久保利通が目指した国づくりの違いを調べる。 ・ペアで座っている友達とノートを交換し，コメントを書く。	・両者が対比しやすいように，表を提示する。 ・ペアで学習を進める方法について説明する。 ・コメントは，相手のセリフを受けて書き込むよう促す。 ※⑧－学びに向かう力・人間性等 明治維新の中心となった人物の立場になって考え，主体的に課題を解決しようとしている。

4. 授業の実際

ここでは，本単元における8時間目に扱った西郷隆盛と大久保利通の対話を取り入れた授業を本時として扱い，この授業に重点を置いて実践を紹介する。

（1）吹き出しを用いた授業例

筆者は，これまで歴史分野において歴史人物に吹き出しを付けてセリフを考えさせる実践を重ねてきた。

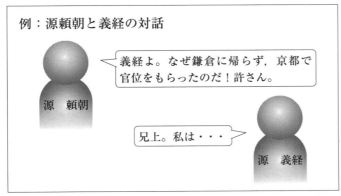

左に示したものは，歴史人物のセリフを考えさせることで，これまで学習してきた内容をまとめさせることを意図して組んだ学習活動である。

左の例では，義経が活躍した壇ノ浦の戦い後，許可を得ずに官位をもらったことによる弁明を考えさせている。弁明させるためには，義経が自身の活躍をアピールしなくてはならないと，児童にセリフの条件を与えてセリフを考えさせた。これによって，児童はセリフを書くために，義経の実績を調べなくてはならない必然性が生まれる。必要な知識を調べるために，自ら資料を読んだり，情報の取捨選択を行ったりすることができた。

2017年版学習指導要領第6学年の思考力，判断力，表現力等に関する目標には，「(2)社会的事象の特色や相互の関連，意味を多角的に考える力…を養う」と明記されている。歴史の学習において吹き出しを用いることは，人物からの視点が明確になるため，事象の特色を捉えやすくなる。この活動を複数の歴史人物においても扱うことで，人物の立場に応じた複数の視点から歴史事象を捉えることができる。事象に対する多角的な視点を持つことが，社会的な見方や考え方を養うことにつながると考えた。

（2）吹き出しを活用した本時の展開

①本時の展開

学習過程	○主な学習活動	指導上の留意点　※評価
導入 5分	・西郷隆盛と大久保利通の人生を紹介する。 ・学習課題を提示する。	・年表を提示する。 【学習課題】 大久保利通が目指した新しい時代の仕組みを調べよう。
展開① 10分	・西郷隆盛と大久保利通の考え方を調べて分かったことをノートに書き出す。 ・分かったことを発表し，全体で情報を整理する。	・資料集を提示し，両者が目指した国づくりを調べるよう促す。 ・両者の考え方が対比できるように，表を提示する。

学習過程	○主な学習活動	指導上の留意点　※評価
展開②25分	・児童同士でペアを組み，西郷隆盛，大久保利通のいずれかを分担する。 ・分担した人物のセリフを考える。 ・ノートを交換し，コメントを交換する。	・西郷隆盛，大久保利通ともに ①目指した国づくり，②頑張ってきたこと（実績） ③言い訳を書くよう促す。
まとめ5分	・明治政府は，大久保利通の考えをもとにして，富国強兵の政策を進めていくことを知る。	・富国強兵を解説した動画を提示する。

②対比表で情報を整理する

　児童は前時までに，西郷と大久保が倒幕運動の中心となり，新政府を樹立した知識を得ている状態である。両者が力を合わせて新しい国づくりを進めたと思っている児童が多かったことから，本時では，同郷の西郷と大久保が袂を分かったことについて年表をもとにして紹介するところから授業をスタートした。

西郷隆盛	大久保利通
日本に残る ↓ 武士に給料を与える ↓ 日本を強くしたい ↓ 韓国を支配 ○武士の活躍	欧米視察 ↓ 工業の重要性 ↓ 日本を強くしたい ↓ 富国強兵 ×古い武士は不要

　どうして袂を分かつことになったのか，西郷と大久保の考え方の違いを調べ，上の図のように，ノートに対比して表すことができるよう表を用いた。対比する表はシンプルだが使い勝手が良く，社会科以外にも用いており，児童にとって馴染みのある思考ツールでもある。一覧で対比することによって，"西郷は武力をもって韓国に支配を広げようとしていたこと"，"大久保は遣欧使節団での視察を経て，内政を重視すること"によって，外国に対抗しようとしていたことをおさえた。

③ペアで分担してセリフを考える

　必要な知識を得られたところで，両者の考え方の違いをより明確にできるように，「もしも西郷と大久保が，天国で語り合ったとしたら…？」という課題を出した。下の図のような形式を板書にて提示した。

　"日本を外国に負けない強い国にしたい"という願いは両者にとって変わらなかったはずである。しかし，国の強化の仕方には大きな違いがあったことをセリフによって表現する活動を組んだ。また，互いの"言い訳"を出し合い，それぞれに正当性があったことをアピールするよう促した。

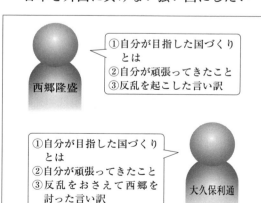

　ペアで，西郷，大久保どちらの立場でセリフを書くか分担して片方のセリフだけ記入させた。例えば，西郷を選択した場合，大久保の吹き出しは空白のまま空

いていることになる。
④コメントを交換する

　分担したセリフが出来上がったら，ペアでノートを交換した。そうすると，児童の手元には，自分とは違った主張を持つ記述を受け取ることになる。西郷を担当した児童の元に，大久保のセリフが埋まった状態のノートが回ってくる。大久保を分担した場合は反対になる。

　児童は友達のノートを受け取り，記述された内容に対してコメントを書くことになる。コメントは自由記述だが，
- 思いを受け止めるコメントを書くこと
- その上で反論すること

を条件として提示した。これによって，自分が担当した人物以外の主張を受け入れることもできると判断した。
⑤まとめる

　結果的には，西郷は西南戦争で大久保に派遣された政府軍に討たれる。また，大久保も暗殺される。ただし，明治政府の方針は富国強兵で固まっていく。このような流れを受けて，日清・日露戦争へと歴史が進むことをおさえていく。

（3）児童の記述

　多くの児童の記述を紹介したいが，誌面の都合上，ここでは1人の児童のノート記述を紹介する。

（4）実践を終えて

　本実践では，①ペアで分担してセリフを考えたこと，②ペアでノートを交換し，ペアの友達の記述を受けてコメントさせたことに挑戦した。児童は，自ら

大久保利通
ノート所有者

やあ，西郷さん！お久しぶりです。私が目指した国づくりは，ヨーロッパのような工場がいっぱいあって，国民全員で日本を強くしようというものだったんだ。
　自分はそのために，生糸の生産や軍作りを頑張ったんだよ。
　西郷さんのことは，殺したくて殺したんじゃないなかった。できれば殺したくなかった！！でも，西郷さんが目指した国づくりでは，日本は強くならないと思った。だから仕方なかったんだ。許しておくれ西郷さん。

西郷隆盛
ペアのコメント

そっかぁ。大久保さんにもそういう思いと頑張りがあってのことだったのか。
　でもね，僕も大久保さんがヨーロッパに行っているときに武士たちが領地拡大のために韓国を支配しようと言い出してさ。最初は僕も何言ってんだよって思ったんだよ。他の国以上に日本を発展させるっていう大久保さんの考えも悪くないけど，自分たちの力で何とかしようと思ったんだぁ！

の考えをセリフに変換したり，友達とのコメント交換を楽しそうに取り組んだりしていた。歴史人物の視点を取り入れることで児童が主体的に活動に取り組むとともに，学習内容の定着にも寄与したと感じた。

（西中克之）

〔参考文献〕
『社会科資料集6年』（2018）青葉出版
文部科学省（2018）『小学校学習指導要領（平成29年告示）解説社会科編』日本文教出版

第5節　中学校 地理的分野 単元名「地域の未来を提案しよう」

1．単元の概要

　本単元は，2017年版学習指導要領(以下，学習指導要領)「C日本の様々な地域(4)地域の在り方」について，特に地理教育の中核と位置づけられた「地域調査」を設定したものである。朝倉(1988)は，「社会科において地域を学習する意義として①社会事象を意味づける②社会生活の原則を発見させる③社会の発展を願う気持ちを養う④社会科の学習能力を育成する」との幅広い観点から述べている。学習指導要領では，「地域の在り方」の学習について内容の取り扱いの中で，対象地域を「生徒の生活舞台を対象とする地域」とし，「地域調査の手法」と地域の将来像を構想する項目とに分け再構成した。さらに地域に広がる景観を対象にして観察・調査を行うことは，地理学習の中核であり，欠かすことができない活動であると示している。しかしながら，中学校現場で地域調査は，十分なされているとはいいがたい。そこで，この学習の実施を高める要素を整理し，地域の課題に目を向けさせ，特に防災に関わる視点から社会参画への態度育成を図る学習として位置付け検討したものである。

2．授業づくりの視点

　学習指導要領解説では，従前の学習指導要領の課題について，以下のように述べている。
- 社会参画への態度や考察・表現する力の不足。
- 社会的な見方や考え方の全体像が不明確で近現代に関する学習の定着が低い。
- 課題を追究したり解決したりする活動を取り入れた授業が十分に行われていない。

そこで，学習指導要領の趣旨を踏まえ次の3つの視点をもとに授業作りを進める。

◎主体的な学び→生徒が地域の課題を把握し解決しようとする意欲を高める。その際，持続可能な社会にするための手立てとして「防災」などのテーマを吟味して設定する。

◎対話的な学び→実社会で，持続可能な社会の実現のために活動している人々の姿を学ぶ場面の設定をする。聞き取り調査などその内容をグループで話し合いを深めるために，他教科との連携や歴史的分野との融合を視野に入れ実施する。

◎深い学び→地域の諸課題に目を向けさせ，合意形成や社会参画を視野に入れ，「社会的な見方・考え方」を用いた考察などを組み込んだ学習とする。

3．単元の計画

1）単元の目標
- 身近な地域に関心を高め，地域的特色と変容について意欲的に考えることができる。
- 地域の特色について，自然環境や人々の営みとのかかわりから理解することができる。
- 設定したテーマのもとに意欲的に調査活動に取り組み，地域の課題を見い出し解決しようとすることができる。

- 地図や諸資料を活用して調査結果をまとめ，わかりやすく表現することができる。
- 調査結果を踏まえて，主体的に地域の未来を考え参画しようとすることができる。

2）評価規準

	学 習 活 動	評価の観点
1	身近な地域に対して，興味や関心を高め，主体的に考え表現しようと取り組む。	主体的に学習に取り組む態度
2	地域の特色と変容について，自然環境や人々の生活に結び付けて考え理解する。	知識及び技能
3	意欲的に調査テーマを設定し，見通しを立てて主体的に調査活動に取り組む。	主体的に学習に取り組む態度
4	聞き取り調査や諸資料の収集を行い，その内容を分析するなどして結果をまとめる。	思考力・判断力・表現力
5	調査結果をもとに，主体的に地域の課題を見い出し解決に向けて考える。	主体的に学習に取り組む態度
6	他の意見を積極的に聞き，意見交換を行い，地域の未来について考え提案する。	思考力・判断力・表現力

3）指導計画①

	学 習 目 標	主な学習活動
1	身近な地域を見直し特徴をつかもう。	・地域を歩き，野外観察をする。 ・写真やデータで地域を概観する。
2	地域がどう変化したかまとめよう。	・歴史資料を基に地域の変容をつかむ。 ・新旧の地図を比較し特徴を理解する。
3	地域調査によって地域を再発見しよう。	・テーマをもとに，調査活動を行う。 　（自然，人口，交通，史跡，地名など） ・調査結果をまとめ防災マップを作る。
4	調査結果を発表し合い，地域の課題を解決するために必要なことを考えよう。	・調査結果を効果的にまとめる。 ・地域の課題から未来を提案する。

指導計画②

	学 習 目 標	主な学習活動
1	身近な地域を見直し特徴をつかもう。 ・地図や自然景観から ・市役所の担当者の講話から 　（防災計画・復興計画など）	・地域の特徴をあげてまとめる。 　名取市の自然環境や仙台とのかかわり， 　震災前の地域の課題について考える。 　現在の復興計画を知る。

	学 習 目 標	主な学習活動
2	東日本大震災で被災した地域をどのように復興させるか考えよう グループ活動（4〜5人）	• 地域の復興プランを考える。 地域の復興に必要なものは何か。 どんな街になってほしいと思ったか。 • ジオラマを作る。 紙粘土を使って街を作る。
3	復興プラン「こんな街になってほしい閖上」を発表しよう	• 互いのジオラマを発表し合う。 命を守るために工夫したところや施設制作した感想　故郷への思い　など
4	地域の未来について考え提案する。 災害から身を守るための街作りを考える。	• 10年後，100年後の地域の未来の為に何が必要か考え，提案する。 （市役所・商工会議所など）

4. 授業の実際（指導計画①　歴史分野との融合の視点から）

「地域調査によって地域を再発見しよう」（3本時／4）

	学 習 活 動　　　　◎は発問	指導上の留意点・資料等
導入 （5）	◎このお墓は，誰の墓でしょう。 　（なかなか発言が出にくいときは） 　この地域を「支倉」（宮城県川崎町支倉）というのに関係があります。 　　　　　↓ •「支倉常長」のお墓である。 この地域とどういう関係があるのかな。	• お墓の写真と位置を示し，関心を高める。 • 積極的に発表するよう促す。 • 意見が出にくいときは，「この名字で知っている人物は」と問い，答えさせる。 【知識及び技能】
展開 （40）	◎支倉常長とはどんな人だろう • 仙台藩士 • 慶長遣欧使節団の中心者 慶長遣欧使節団が派遣されたのは，慶長の大津波で仙台藩が大きな被害を受けた後だった。 ◎なぜこのようなときに派遣されたか考えよう。 • 貿易で利益を上げたかった。 • 復興のシンボルにしたかった。 ◎なぜ肖像画にはなぜ線が入っているのだろう。 • 折ったあとではないか • この絵からキリスト教徒だとわかると幕府から処罰されるから 支倉常長は，貿易交渉を実現できなかったが，慶長遣欧使節は失敗だったのか？ 　　　　　↓ この肖像画は2013年ユネスコの記憶遺産に登録された。この使節が縁となり，仙台市はアカプルコ市（メキシコ）と石巻市はチビタベッキア市（イタリア）と姉妹都市として交流を深めている。	• 支倉常長の写真を示す。 • 人物について，積極的に発言させる。 • 使節団のルートを示し，派遣期間の長さを協調する。 • 仙台藩の被害状況も示す。 グループで考えさせる。（5分） 発言しやすいように，4人グループにする。 【思考力・判断力・表現力】 肖像画を示し，その下に洗礼を受けた常長の名前も示す。 洗礼を受けた理由は，簡単に伝え，鎖国政策とは合わなかったことに気付かせる。 【知識及び技能】 • 姉妹都市の様子を写真で示し，支倉常長の足跡が現在にもつながっていることに気づかせる。

118

	学　習　活　動　　　　　　◎は発問	指導上の留意点・資料等
	◎「川崎町支倉」という地域は，時代を超えて国際交流を実現するきっかけになった人物と深いかかわりがあることに気付き，地域の特色を発見する手立てとする。	・地域的特色について，新たな発見につながるように支援する。
まとめ （5）	・「川崎町支倉」について，発見したことをまとめよう。現在の姉妹都市との交流から，さらにどんな国際交流を進めていきたいか考え感想をまとめよう。	地域を再発見することから，未来社会を予想できるよう促す。 【主体的に学習に取り組む態度】

常長の墓(宮城県川崎町 円福寺：著者撮影)
この墓がある円福寺の境内には，キリシタンゆかりの石碑やマリア観音などがあることから，隠れキリシタンの証拠とされている（「常長と川崎町」：川崎町地域振興課発行より）。

5．授業の実際（指導計画②　地域の未来像を考え社会に参画しようとする視点から）

「地域調査によって地域を再発見しよう」（3本時／4）

	学　習　活　動	指導上の留意点・資料等
導入 （5）	地域の特徴や良さを上げさせる。 ・名取川の河口に広がる平野。 ・漁業で栄えた地域。 ・伊達政宗が築いた貞山運河があり歴史がある。 ・人と人のつながりがあたたかい街。 ・かつて「増東軌道」という電車が走っていた。 ・潮風や火災から街を守るため，防風林がある。	前時までの学習内容から，発表させる。 地図や写真などの資料を活用して，発表できるようにする。 【知識及び技能】
展開 （40）	それぞれが考えた「復興プラン」を発表しよう。 ・どんな街になってほしいと思って制作したか。 ・プランに入れた施設とその理由。 ・工夫したところ（防災の視点から）。 ・制作を通しての感想。 6つの班に発表させ，互いの意見を聞く。	特に防災の視点をしっかりと示し，発表させる。 【主体的に学習に取り組む態度】 【思考力・判断力・表現力】
まとめ （5）	感想をまとめる。 ・地域のどんな良さを再発見できたか。 ・地域の人たちに何を伝えたいか。	地域の復興のために何ができるかという視点で，丁寧にふり返りまとめさせる。 【主体的に学習に取り組む態度】

地域調査の様子(湊神社)　　　　　　　　ジオラマを制作する生徒たち

〔生徒の感想から〕
○人々がまた元通りに戻って来ることができるようにしたいと考えて、ジオラマを制作しました。元の面影を残しつつ、人が多く集まりよりにぎやかな町にしたいと思いました。漁業にも力を入れ、多くの魚が揚がってほしいと思い、そのための施設も考えました。
○大学病院は、老人が倒れてもすぐ搬送できるように、特別養護老人ホームに隣接させました。津波対策として警報器を4つ設置し、防波堤は貞山堀から出てくる仕組みになっています。マクドナルドは、津波に耐えられるようにして、屋上はヘリポートになっています。工夫した点は、再び活気が戻るように、有名人を呼べるようなマリンスポーツ施設を作り、住宅地や商店街は、貞山堀(海側)より西側に、東側(海側)には、笹かまぼこの工場などを高く丈夫に作るようにしたことです。
○ジオラマの制作を通して、この町がどうしたら良くなるのか、住みやすくなるかと夢中になりました。この授業を通して、早く復興してほしいという思いがますます強くなりました。また、みんなで未来の町についてもっと考え生きたいと思いました。

また、「地域調査」は、あなたにとってどんな学習でしたか、という問いに対しては、次のような感想を書いた。
○改めて、自分の暮らす地域を見つめ直すことができた機会だった。普通に過ごしていたらわからない場所や昔の姿を知ることができた。地域の大先輩から貴重な話を聞くこともできさらに地域が好きになった学習だった。
○故郷の歴史を知ることができ、改めて良い町だなあ、と感じることができた。
○自分の町を知る、という点で、新しい発見が多く役に立つことばかりだった。

ある生徒は、「東日本大震災で故郷が失われた人々が、なぜかつての故郷にこだわるのか」について考え、弁論文にまとめ発表した。印象に残ったのは、「人と人のつながりの中に故郷を感じることができるから」という言葉であった。地域調査は、生徒たちがその地域とのつながりを創造する学習となり、さらには社会参画への意欲を高める主体的な学びとなると考える。

第3部 | 実践編 授業づくりの実際

6. 授業を終えて

　学習指導要領では，「生きる力」として「学びに向かう力・人間性等」とも示している。その学びの場を，是非身近な地域に目を向けさせ，その歴史から学び，さらに将来像を描く思考力・判断力を育ませたいと考え，工夫した点と課題を述べる。

　工夫した点は，資料の活用である。歴史上の人物に光を当て，その人物の生き方が現代に結び付くことはないか，という視点での教材化である。支倉常長の生き方は，貿易交渉を実現できず失意の中で終えたとも受け止められる。だが，東日本大震災のような甚大な被害のあった慶長の大津波の直後に，なぜ伊達政宗が遣欧使節を派遣したか，という問いは，生徒たちの深い学びに結び付くものである。その学びは，地域の現在を知りさらに未来像を描く学習へと向かっていくものと考える。そのために興味や関心を高める手立てとして，肖像画や絵図，お墓の写真などの活用を考えた。このように，地理的分野の学習で歴史的分野との融合を工夫することは，特に地域に学ぶ学習で有効であると考える。

　課題としては，小学校での学びをどう生かすかという視点が中学校現場では薄いことである。今年（執筆時：2018年）ほど日本が自然災害に見舞われた年はないのではないか。日本の位置，地形や気象状況などから，今後どこで自然災害が起こってもおかしくはない。小学校第4学年では，自然災害から人々を守る活動について位置付けられている。中学校でその成果に社会参画を促す地域学習を取り入れ，深い学びにつなげていきたい。

　主体的に考え，互いに学び合う対話的な学びが求められている。意見を述べ合い，協力して復興プランを考え発表したり発信したりする学習は，合意形成や社会参画を促す学びにつながっていくと考える。その過程で主体的に考えるためには，社会的事象を自分のこととして深く考えさせる教材が欠かせない。その一例としての「防災」は，多発する甚大な災害に対して，自らどう行動すべきか，という大きな問題と向き合うこととなる。人間が自然環境と共生しながら，生涯にわたって自分の命を自分で守ろうとする防災の視点は，さらに他者にも注がれることで「自助・共助」というテーマにも結び付く。一方，震災を乗り越えようと生きる人々の姿を知ることは，その思いを引き継いで未来を創造しようとする学びに向かっていくものと考える。さらに，その学びを発信する機会を設定することで，子どもたちの学ぶ喜びは大きいものとなる。地域の課題を解決しようとする子どもたちの力は，そのまま新しい社会を創り出す原動力となることを期待したい。

（宮本静子）

〔参考文献〕
『社会科教育』編集部編（2017）『平成29年版　学習指導要領改訂のポイント　小学校・中学校社会』
　明治図書
朝倉隆太郎編著（1989）『地域に学ぶ社会科教育』東洋館出版社
北俊夫編著（2018）『小学校社会科 「新内容新教材」 指導アイデア』 明治図書出版

第6節　中学校　歴史的分野　単元名「恐慌から戦争へ」

1．単元の概要

　生徒たちは，日本が過去に大きな戦争を経験したことを既習概念としては一般化しているが，「戦争に向かったその理由は？」と問われると曖昧模糊たる未習感が漂う。「二度の世界大戦と日本」の学習において，「日本はなぜ戦争をしたのか？」との問いは，今後国際社会を生き抜く学習者にとって熟考すべき大切な主題であり，これを追究し確固たる歴史認識を育むことは中学校社会科の責務であり，授業者の使命でもある。そこで，単元冒頭の「世界恐慌」から「日中戦争」「第二次世界大戦」「太平洋戦争」へと続く単元展開において，予想や調査などの個人追究の場面，検討や議論をする集団追究の場面を設定し，政治・経済・社会・文化的な側面や，軍部・政治指導者・国民・経済人の立場から多面的・多角的に考察させることで，主体的で対話的な深い学びにつなげ，世界大戦を背景とした公民的資質能力を育成したいと考えた。

2．授業づくりの視点

（1）2017年度版学習指導要領との関連

　学習指導要領に示されている，「軍部の台頭から戦争までの経過と，大戦が人類全体に惨禍を及ぼしたことを理解すること」というねらいを実現するために，「経済の変化の政治への影響」，「戦争に向かう時期の社会や生活の変化」，「世界の動きと我が国との関連」などに着目してその意味や意義，特色や相互の関連を考察し，課題を把握してその解決に向けて単元を仕組み，戦争が起こった理由やその戦争の影響を世界的な視野で考察できるようにする。この過程で，解決に向けて構想する際の視点や方法である社会的な見方・考え方を働かせることで本質的な学びを促し，深い学びを実現するための思考力，判断力，表現力の育成はもとより，生きて働く知識の習得につながること，主体的に学習に取り組む態度や学習を通して涵養される自覚や愛情などにも作用することを踏まえると，本単元の学習は公民的資質・能力全体に関わるものであると考えられる。

（2）知識の構造図について

　生徒が学ぶとき，既有の知識を構成しながら新たな知識を導き出し，ボトムアップしながら概念的な知識を獲得していく。そこで各単元で取り上げる知識の範囲や程度を明確にすることにより，取り上げる知識に大きなブレを無くすため「知識の構造図」を用いて，習得すべき知識を明確にしたい。また，「単元を貫く問い」の設定のために，「知識の構造図」を作成することも大切にしたい。

（3）単元を貫く問いの設定

　歴史的事象を比較したり関連付けたりして内容を理解し，歴史的思考力，判断力，表現力を育成するためには，1つの問いについて取り組むためのまとまりとして位置付けられる「単元を貫く問い」を設定することで学ぶ目的を明確にしたい。生徒が学びへの見通し

を持つことができ，学習の目的がブレ難い点と軌道修正が容易にできるという利点がある。

（4）活用・探求・表現する力の育成

単元を通して身に付けた知識や理解した内容を，新たに生まれた課題を解決するために活用すること，発展学習として探究する活動でまとめる，発表するなどの表現活動を効果的に取り入れたい。その際には，必要に応じて思考ツールの活用も考えたい。また，授業の終末において「振り返りジャーナル」の記入など，毎時間の振り返りを行うことで知識の定着や深化，表現力の育成を期待したい。

3．単元の指導計画

（1）単元名　二度の世界大戦と日本　「恐慌から戦争へ」

（2）単元の目標

第一次世界大戦後，国際協調へと舵をとる世界情勢を知ることで，日本における社会運動の拡大や権利の獲得，都市部を中心として国民の生活が変化した様子を理解する。世界と日本の社会情勢が安定の方向に向かうだろうと思われた矢先に起きた世界恐慌と各国の対策，その影響について考えることを通して，国際社会における対立が深まった背景や，日本における軍部の台頭，大陸進出へのきっかけについて理解を深め，国際協調や国際平和の実現に努めることの大切さに気付くことができる。

（3）評価規準

社会的な知識・技能	思考力・判断力・表現力等	学びに向かう力，人間性等
世界恐慌から日中戦争までの我が国の歴史のあらましと変化を世界の動きと関連させて理解し，その知識を身に付けるとともに，国内外の様子を様々な資料から読み取り，自分なりの言葉や図表にまとめようとしている。	深刻な経済不況が社会不安を生み出し，やがて軍部の台頭につながり，政治や外交に大きな影響を及ぼし，日中戦争に至ることを多面的・多角的に考え，立場や意見を公正に選択・判断し，それらを説明したり，議論したりしている。	日中戦争に至るまでの学びを土台に，「日本はなぜ，戦争への道を防ぐことができなかったのか」との問いを解決するために，多面的・多角的な見方，考え方や深い理解を通して平和を実現するために国際協調が大切であるという自覚を深める。

授業で使用した思考ツール

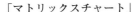
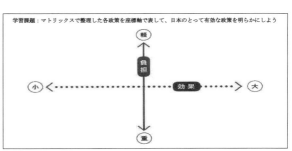

「マトリックスチャート」　　　　　　　　　「座標軸（四象限）」

（4）知識の構造図

中心概念	国際社会における対立が深まった背景には，世界恐慌への対応や，植民地との関係構築方法，経済社会体制の差異がある。欧米列強はもとより日本においても軍部が台頭し，やがて大陸へ進出をしてしまう。国際平和実現のためには，国際協調が不可欠であり，各国がそれに向けての努力をすることが何よりも大切である。

考えさせたい事象 説明的知識	世界恐慌に対する各国の政策は，自国の景気回復を第一義として，植民地の利用や，他国との条約の破棄，特定の国のみとの貿易，本国の領土拡大などを行ったため，対立が深まるだけとなり協調とは逆の方向へ進んでしまった。	金融恐慌に続く世界恐慌に大凶作が重なり，深刻な痛みを受けた日本は，経済を立て直す必要に迫られていた。国民の，政党や財閥に対する不信が，軍部や一部の国家主義者の考えを支持する方向へ傾いたのではないか。

調べさせたい事実 記述的知識	植民地を持つ国は，ブロック経済政策で，植民地や近隣諸国との関係を強化し，不況対策も実施し，自国経済の立て直しを図った。	植民地を持たない国や少ない国では，民主主義や人権を否定した独裁者が軍事力で領土を拡大し景気回復を図るが，国際連盟とも対立し，退くことになっていく。	恐慌で社会経済が混乱し，激しさを増す社会運動に対し，政府は取り締まりを強化する。協調外交を進める政府への不信から軍部が台頭し，国民の支持も受け，大陸へ進出，国際連盟も脱退する。	軍国主義の動きが高まり，中国と対立し戦争に突入する。長期戦となる中，国の全てが戦争に協力するため戦時体制を強め，国民の生活は統制され，植民地政策も強化される。

語句用語	世界恐慌 ニューディール政策 ブロック経済	計画経済 ファシズム 国際連盟	金融恐慌　労働争議 小作争議　政党 財閥　関東軍 満州事変　国際連盟	五・一五事件　二・二六事件　日中戦争 国家総動員法　大政翼賛会

（5）単元展開

　本単元を構成する上で不可欠なのは，学習指導要領解説にある「世界の動きと我が国との関連に着目して取り扱うとともに，国際協調と国際平和の実現に努めることが大切であることに気付く」（筆者による要約）ことである。そこで，世界恐慌による国際情勢の変化と日本の動きを関連付けて，日本の中国侵略や戦争に至る選択について省察する展開を考えた。ブロック経済圏を良好に構築できない日独伊が国際社会で孤立を深めた背景を把捉し，ファシズム諸国の所業が世界に取り返しのつかない惨禍をもたらした事実を理解し，その原因を考察し国際協調や国際平和の重要性について思考を深めていきたい。そのために，「日本はなぜ，戦争をしたのか，戦争への道を防ぐことができなかったのか」という素朴な疑問から，主題である単元を貫く問いを設定し単元展開を構成したい。

　また，単元の中に自分たちの生活している地域に関わる素材を教材化して扱う時間を仕組むことで，より自分に近い目線から興味関心を醸成して，具体的なイメージ化を促し同心円的拡大の配列で当時の日本そして世界の事象に迫る追究をし，理解を深める工夫をし

第3部 実践編 授業づくりの実際

たい。それにより，様々な人々の心に寄り添っていく「温かい人間の心を培う」展開につ
ながると考える。

【単元を貫く問い】

第一次世界大戦後，激変する世界情勢の中で，日本はどう変わっていくのだろうか。

時間	学習内容・学習活動	指導上の留意点・資料等
2	1．世界恐慌とファシズムの台頭 　世界恐慌の影響と，その後の各国の対応策の概要を調べ，対応の違いと長所・短所を考える。	資料から世界恐慌の事実を知り，各国への影響と主な対応策を学習カードに整理し，わかりやすくまとめ，比較できるようにする。 ・世界恐慌の概要と影響，各国の対応策とその長所・短所を理解できたか。
2	2．日本経済の混乱と外交の行きづまり 　金融恐慌に続く世界恐慌による経済的混乱と飢饉により，日本が深刻な不景気に陥り，政府が目指した協調外交が行き詰まることを知り，その打開策は何か，各国の対応を参考に日本にふさわしい政策を考える。	教科書や資料集とともに地域資料を併用することにより，昭和恐慌の事実と当時の地元の困窮した様子を知らせる。 　日本にとってふさわしい政策を考えるために，「マトリックスチャート」を使用し，各国の対策の長所・短所をまとめられるようにする。 ・各国の対応策を整理し，評価することで日本にふさわしい対応策を考えることができたか。
1	3．満州事変から国際連盟脱退へ 　経済混乱と社会不安の広がりを背景に軍部が台頭し，満州での勢力を拡大するとともに，外交上国際社会では孤立していったことを理解する。	自分たちが考えた日本の恐慌への対策と，実際に日本がとった史実を比較し，日本軍の行動を支持する世論の高まりと国際社会から日本が孤立した原因を考えるようにする。 ・実際の対応策から日本が国際社会で孤立した原因を理解できたか。
1	4．軍国主義の高まりと日中戦争 　軍部が政治家暗殺事件を引き起こし，軍部独裁路線が確立される様子と，日本の中国侵略の実態，戦争の長期化とともに，中国での抗日運動も激化し，日本国内では戦時体制が強まり，国民生活や文化が統制されていったことを理解する。	第一次世界大戦後から日中戦争に至るまで日本の主な動きや国内戦時体制下での国民生活及び周辺諸国への影響を年表や学習カードにまとめ日本の政治，外交はどのように変化したのかを考え，まとめられるようにする。 ・調査活動により，中国侵略の実態や戦時体制の国民の生活の様子を理解できたか。
2	5．日中戦争の原因を考える 【活用学習】 　「日本はなぜ，戦争への道を防ぐことができなかったのだろう」の学習問題を解決するために，経済・政治・外交・文化の4つの視点から多面的に考え，説明できるようにする。	日中戦争を惹起させた日本が戦争を防止できなかった理由を4つの視点で思考ツールを用いてランキングをし，個と集団で理由を考察・検討をし，説明できるようにまとめさせる。 ・日本が戦争を防ぐことができなかった理由を考え，まとめ，説明することができたか。

125

4. 授業の実際　○学習内容・活動

第1・2時　「世界恐慌とその対策の意味や意義，特色や関連を考察する生徒たち」

○アメリカ合衆国で，突如世界恐慌が起こることを知る。資料「世界恐慌中の各国の工業生産の推移」をみて，主要各国にも影響を及ぼしていることに気付く。

○学習問題「世界恐慌はどのように世界の人々の生活を変えたのだろう」を解決するため，ウェビングマップを使い，世界恐慌の影響をまとめる。

○国内外の影響の様子を電子黒板を介して画像資料で確認し，混乱が広がった主要各国での世界恐慌の対策について調べ，長所・短所を考え簡潔に表にまとめる。

第3・4時

「昭和恐慌を乗り越えるために重要な対策は何か友とかかわり思考検討をする生徒たち」

○資料から世界恐慌の影響と飢饉により，日本が深刻な不景気である「昭和恐慌」に陥り，政府が目指した協調外交の行き詰まりも知る。

○国民生活困窮の様子を画像で確認し，自分たちの身近な地域がどんな様子だったかを物語る当時の経済指標，減少する農業所得のグラフ，文章資料などを読み取る。

○学習問題「日本が昭和恐慌の大不況を乗り越えるためにふさわしい政策は何か考えよう」を設定，各国の対応を参考に日本にふさわしい政策を考える。各国の政策について，メリットとデメリット，その政策が日本にふさわしいかどうかの評価を100点満点で点数化し，理由も考えグループで検討し，マトリックスチャートに書き込む。

○各班の発表後，座標軸(四象限)を用いて，国家や国民の負担の軽重，政策効果の大小から多角的な視野で考察し，さらに日本にふさわしい政策を班で検討する。

第5・6時

「自分たちの考察とは逆の結果に見方・考え方を更新し，新たな学びに向かう生徒たち」

○「日本は，結果的に昭和恐慌を乗り越えるためにどんな行動をしたのか考えよう。」を学習問題として，日本の中国での行動と政治の変化について，調べてまとめる。

○学習問題「日中戦争により日本は，国内や周りの国々にどんな影響を及ぼしたのか考えよう」から日中戦争の長期化による戦時下の国内の様子，中国・朝鮮・台湾への影響と変化について教科書の記述をもとにまとめ確認し，最後に振り返りジャーナルで日中戦争の日本，中国，朝鮮，台湾への影響についてナビゲート作文にまとめる。

第7・8時

「本質的な問いを多面的に考え，議論し友と共有し自分の考えをまとめていく生徒たち」

○学習問題「日本はなぜ戦争への道を防ぐことができなかったのだろう」を解決するため，「戦争の原因を4つの視点からランキングをして考え，まとめよう」の課題を設定し，右図のように，A～Dの4つの多面的な視点から原因として重要な順に位置付けを考え理由を記入する。

○思考ツールダイヤモンドランキングを使用し，個々に考察をする個人追究とグループで検討し，統一のランク付けをするための集団追究を行う。

第3部 実践編 授業づくりの実際

〔すべての班がAを最後位にした。B民主政
治のくずれ，Cファシズムによる孤立のどち
らかを最重要の原因に取り上げた班が多い。〕
○ランキングと理由をミニホワイトボードに
　書き込み，班ごとに発表する。

A 世界恐慌の影響	（経済面）
B 民主政治のくずれ	（政治面）
C ファシズムによる孤立	（外交面）
D 自由な言論の統制	（文化面）

○最後に，この後の第二次世界大戦，太平洋戦争を踏まえて，日本がなぜ戦争への道を
　止められなかったのか，これまでの学習を振り返った上で自分の考えを書く。
〔生徒の振り返り〕（A生の学習カードより）

・「政治の行き詰まり，恐慌，飢饉など問題が一度に発生したのが，戦争の主な原因だ
　と思います。しかし，民主政治が崩れ，武力による支配が再び始まったことも，戦争
　への道を確かにした要因です。武力は武力しか生みません。軍人が民主政治の体制を
　くずし，満州を征服したことで，戦争は確実になっていったのです。また，言論を統
　制したことも戦争の要因だと思います。戦争に反対する意見を統制し，歯止めがきか
　なくなったことで，国民もまた戦争に加担していきました。ファシズムへの道を進ん
　でいったということです。それによって孤立し，日本はさらに植民地を求めるように
　なったのだとも思います。」

4. 授業を終えて

○成果
　　生徒は，対話を基盤とした協調的な思考活動により，個々で表にまとめた各国の対
　策とマトリックスチャートに班でまとめることで外化し，点数化するために議論・検
　討することで内省した。点数化及び，座標軸作成作業において，さらに外化し比較吟
　味することや全体で発表確認することで再び内省するというメタ認知的活動の循環プ
　ロセスが成立し，深い理解につながっていくのではないかと捉えられる。また，まと
　めの段階で多面的な思考を促すために，日本が戦争への道に進んだ原因を4つの視点
　からランク付けして考えるなど，主体的・対話的に学ぶ中で，メタ認知的活動が繰り
　返し行われ，深い学びが創造されたのではないか。その結果「思考力・判断力・表現
　力」が高まるとともに，学びに向かう力が形成されたと考える。

○課題
　　『ひと・もの・こと』に寄り添いながら，友とかかわり学習し，自らの気付きを再
　構成し，ねばり強く課題を追究し，豊かな見方・考え方を深めていく。「表現する力」
　を「伝え合う力」と捉え，教材，単元展開を言語化しやすいものに工夫することで，「伝
　え合う力」を豊かにしていくことを具体目標にしたが，さらにより多くの多面的・多
　角的視野からの考察，そのための有効な思考ツールの活用，確実な問題解決と社会認
　識の深まりに関わる場面設定や評価の方法，方策のあり方はどうあったらよいのかを
　考える必要性を感じたので今後の課題として検討をしていきたい。　（徳嵩廣治）

127

第7節　中学校　公民的分野
単元名「C 私たちと政治　（2）民主政治と政治参加」

1. 単元の概要

　2017年度版学習指導要領では，中学校公民的分野は「A 私たちと現代社会」「B 私たちと経済」「C 私たちと政治」「D 私たちと国際社会の諸課題」の4つの大項目からなる。そのうち「C 私たちと政治」は，「(1)人間の尊重と日本国憲法の基本的原則」と「(2)民主政治と政治参加」の2つの中項目で構成されており，本単元では(2)を取り上げた。

　「(2)民主政治と政治参加」では，民主政治の仕組みや政党の役割，議会制民主主義の意義，多数決の原理，法に基づく公正な裁判の保障，地方自治の基本的な考え方に関する知識を身に付けることとともに，国民の政治参加について多面的・多角的に考察・構想・表現することが求められている。

2. 授業づくりの視点

　今次の学習指導要領改訂では，「知識及び技能」「思考力，判断力，表現力等」「学びに向かう人間性等」の3つの柱に沿った目標が設定されており，これらを関連付け，「見方・考え方」（本単元では「対立と合意」，「効率と公正」，「個人の尊重と法の支配」，「民主主義」などの視点）を働かせながら目標の達成を目指すこととされている。また，「主体的・対話的で深い学び」（アクティブ・ラーニング）の視点に立った授業改善が求められている。そこで，本単元ではロールプレーイングおよびジグソー学習という手法を用い，様々な人の立場に立つことで，多面的・多角的に考察する力を培おうと試みた。社会科は用語が多いため，ともすると用語の説明に終始してしまい，生徒が聞くだけや書き写すだけの授業になりかねない。しかし基本的な知識をおろそかにして話し合いなどの活動をすると，根拠のない無責任な議論になる恐れがある。そこで「A 私たちと現代社会」「B 私たちと経済」で学習した内容を活用して，その課題についてどのように政治的に解決していくかを考えさせる授業を提案したい。

◆ジグソー学習の方法

①数名からなるグループを作る（ホームグループ / ジグソー班）。ホームグループで学習・探究するべき事項について役割分担を行う。

②各ホームグループから，事項ごとの担当者が集まってグループを作り（エキスパートグループ / 専門班），学習・探究を進める。

③ホームグループに戻り，エキスパートグループで学んだことを伝え，当初の課題について究明したりまとめたりする。

第3部 実践編　授業づくりの実際

3．単元の計画（単元の目標，評価規準，指導計画）

（1）単元の目標

○我が国の民主政治の仕組みのあらましや政党の役割，議会制民主主義の意義，多数決の原理とその運用の在り方について理解させる。

○国民の権利を守り，社会の秩序を維持するために，法に基づく公正な裁判の保障があることについて理解させる。

○地方公共団体の政治の仕組み，住民の権利や義務について理解させる。

○民主政治の推進と，公正な世論の形成や選挙など国民の政治参加との関連について多面的・多角的に考察，構想し，表現させる。

（2）評価規準

○知識・技能：民主政治の仕組みや政党の役割，議会制民主主義の意義，多数決の原理とその運用の在り方，裁判の意義，地方公共団体の政治の仕組みや住民の権利と義務について理解することができる。

○思考力・判断力・表現力等：国民の政治参加について，根拠に基づいて多面的・多角的に考察・構想・表現することができる。

○学びに向かう力・人間性等：政治について学んだことを身近な生活と関連付け，主体的に社会に参画しようとする意識を持つことができる。

（3）指導計画（20時間扱い）

時	主な学習内容・学習活動	指導上の留意点・資料等	評価項目
1・2	政治とはなんだろう（本時）	議論することにより民主主義の仕組みを理解する。＊ロールプレイ	知／思
3	国民の代表を選ぶ選挙	1-2の学習を踏まえて選挙と政治の意義を考え	知／態
4	願いをかなえる政治	る。	思／態
5	マスメディアと政治	↓ ＊新聞の読み比べ	思／態
6	国会の意思は国民の意思	↓	知／思
7	二つの院を持つ国会	↓ ＊模擬国会	思／態
8	国会議員が果たす役割	↓	知／思
9	内閣と国会の関係	↓	知／思
10	行政をまとめる内閣	↓	知／思
11	暮らしと関わる行政	↓	知／思
12	権利と秩序を守るために	司法に関する基本的な知識の学習	知／思
13	犯罪を裁く	↓	知／思
14	公正な裁判とは	↓	知／思
15	私たちの司法参加	＊模擬裁判（12～14の知識を活かして）	思／態
16	互いに監視し合う三つの権力	三権分立について学習（ワークシート）	知／思
17	身近な地域の政治	地方自治に関する基本的な知識の学習	知／思
18	暮らしを支える地域の行政サービス	↓	知／思
19	住民参加で地域をつくる	これまでの学習を踏まえ，課題について議論し，合意形成を図る。	思／態
20	変わりゆく地域社会		思／態

129

4．授業の実際

（1）本時の目標

○民主政治の仕組み，多数決の原理やその運用の在り方について理解させる。

（知識・技能）

○課題解決について，根拠に基づいて多面的・多角的に考察，構想，表現させる。

（思考力・判断力・表現力等）

（2）本時の展開

〈1時間目〉

①導入（3分）

・社会の様々な人が意見を出し合い，決定に参加することができる仕組みが民主主義である。（教科書をもとに確認する）

・民主主義の仕組みについて，ロールプレイで学ぶことを伝える。

②展開1（47分）

ⅰ ワークシートを配布し，ロールプレイの設定を読む。（3分）

A町には原子力発電所がある。この発電所は近隣の大都市にとって重要な電源地となっている。A町の住民は原発の安全性に不安を持っている。しかし，原発で働いている住民，原発で働く労働者を受け入れる宿泊施設を営む住民，原発関係者が買い物をすることによって成り立っている商店を営む住民も多い。A町は国からの補助金も得ており，原発が存在することによって経済が成り立っているという側面も持っている。

A町は今後も原発継続を支持するだろうか？

ⅱ クラスを7グループに分け，以下のように役割を当てる。（5分）

・町長　　・電力会社　　・都会住民　　・住民A（小学生の子どもを持つ親）

・住民B（旅館経営者）　　・住民C（原発作業員）　　・住民D（商店経営者）

ⅲ 「A町は原発継続を支持するだろうか？」について，グループごとに役割に応じた意見を考える。

教科書や資料集を参考に，メリット・デメリットを整理させ，自分の立場にあった意見をまとめる。（15分）

ⅳ 各グループの意見を全体の場で発表する。（10分）

ⅴ ⅳの意見を踏まえ，全体で議論する。（10分）

ⅵ 次回，多数決を行うことを伝え，ワークシートに感想を記入させる。（4分）

　※この間，板書をカメラなどで記録する。

〈2時間目〉

③展開2（40分）

ⅰ 板書の記録を配布して前回の授業をふり返り，各グループの意見を確認する。（5分）

ii 多数決を取る。（1分）

iii 多数決で少数派だった方の生徒に，納得のいく結果だったかどうかを聞く。（5分）

　納得できなかった→その理由を聞く

　納得できた→もし納得できない人がいたとしたらどのような点が考えられるかを聞く

iv この後の議論は納得できなかった人がいる場合について考えることを伝える。（1分）

v iiiの意見をもとに，合意できるアイディアを考える。（10分）

　各役割から一人ずつの合計7名（クラスの人数によって多くなることもある）からなるグループ（ジグソー班）に分かれ，みんなが合意できるように話し合いを行う。

vi 元の役割ごとのグループに戻り，各ジグソー班で出たアイディアについて共有し，それぞれのアイディアに対する賛否について話し合う。（10分）

vii それぞれのアイディアについて，多数決を取る。（1分）

viii 多数決で少数派だった方の生徒に，はじめの多数決と比べて納得の行く結果だったかどうかを聞く。また，その理由を聞く。（5分）

ix 全員が合意することは難しいが，政治は限りある時間で決めなくてはならないことが多い。そして決まったことに従わなければ，社会全体としての秩序が保たれない。（2分）

③まとめ（10分）

i 以下のことを確認しながら，ワークシートに記入させる。

・社会の様々な人が意見を出し合い，決定に参加できる仕組みが民主主義である。

・民主主義における多数決は，多数者の専制になってしまう恐れがあるため，十分に議論することや，少数意見を尊重して合意を形成しようとすることが大切である。

・社会の秩序を守るために，最終的に決めたことについて強制的に従わせる力が権力である。

ii 民主主義には直接民主主義と間接民主主義（議会制民主主義）があるが，日本ではどちらを採用しているか。それはなぜか。

　→議会制民主主義：人口が多いため。全員が集まって話し合うことは難しいから。

iii 次回は代表者を選ぶ選挙について学ぶことを伝える。

iv ワークシートに感想を記入させる。

（3）本時の評価

○民主政治の仕組み，多数決の原理やその運用の在り方について理解することができた。

　（知識・技能）

○課題解決について，根拠に基づいて多面的・多角的に考察，構想，表現することができた。

　（思考力・判断力・表現力等）

5．授業の工夫（ワークシート例，板書計画，資料例，展開上参考になる事項）
（1）配布資料（ワークシート）

3年（　　）組（　　）番　氏名（　　　　　　　　　　　）

私たちと政治「政治とは何だろう」（教科書○ページ〜○ページ）

原発問題について考える

> A町には原子力発電所がある。この発電所は近隣の大都市にとって重要な電源地となっている。
> A町の住民は原発の安全性に不安を持っている。しかし，原発で働いている住民，原発で働く労働者を受け入れる宿泊施設を営む住民，原発関係者が買い物をすることによって成り立っている商店を営む住民も多い。A町は国からの補助金も得ており，原発が存在することによって経済が成り立っているという側面も持っている。
> A町は原発継続を支持するだろうか？

(1)役割分担をして，その立場に立ってグループで話し合い，意見を考えてみよう。

> （役割名：　　　　　　　　　　　）の意見
> 原発継続を　　　支持する　　・　　支持しない　　（どちらかに○をつける）
> 理由：　例）
> 　　　「不安を解消したいが財源としての補助金は必要なので継続すべき。」（町長）
> 　　　「需要に応える発電量を供給するためには原発は必要」（電力会社）
> 　　　「今までの生活を維持したいので原発は必要」（都会住民）
> 　　　「子どもの安全を最優先したい」（住民A）
> 　　　「原発がなくなると宿泊客が激減し，経営が成り立たないので困る」（住民B）
> 　　　「安全性は不安だが，原発がなくなると仕事がなくなってしまう」（住民C）
> 　　　「原発がなくなると売上に大きく影響する。」（住民D）

(2)多数決の結果：継続すべき（　　　　　）・継続すべきではない（　　　　　）
(3)少数派の意見

>

(4)（3）をもとに合意できるアイディアを考えよう。

>

(5)（4）についてどう思うか役割グループで意見を出し合おう。

>

132

第3部 実践編 授業づくりの実際

〈まとめ〉
①民主主義とは
　例)社会の様々な人が意見を出し合い，決定に参加できる仕組み
②多数決について
　例)民主主義における多数決は，多数者の専制になってしまう恐れがあるため，十分に議論することや少数意見を尊重して合意を作ろうとすることが大切である。
③決まったことについて
　例)最終的に決めたことについてみんなが従わなければ社会の秩序が保てなくなる。決まったことについて強制的に従わせる力が権力である。
〈1時間目の感想〉

〈2時間目の感想〉

(2) 板書例

〈1時間目〉

教師が生徒の意見を聞きながら書いても良いが，時間節約のため，画用紙などに書いてもらったものを掲示すると良い。

政治とは何だろう

町長の意見	電力会社の意見	都会住民の意見	住民Aの意見	住民Bの意見	住民Cの意見	住民Dの意見

この部分には，全体での話し合いでそれぞれの役割から出た意見を書いていく。

(3) 授業を終えて

　本事例は「原発を継続するか，しないか」というだけではなく，そこで生まれる課題やジレンマに対して新たな解決策が提案されるように促すものである。例えば本事例では，原発は雇用を生み出すが安全性に不安が残り，安全性を優先して原発を廃止すると経済が衰退するというジレンマがある。そのため，両者が妥協できる点を見つけたり，原発がなくても雇用を生み出す方策を考えるなどの新たな発想を生んだりすることが必要になる。今後の授業においても，「公害問題」「租税」など，様々な課題(例：「社会保障費の財源としてたばこを1000円に引き上げるべきか」など)を用いて展開することにより，多面的・多角的に考察する力や，主体的に社会に参加する態度を養うことができるだろう。

(眞所佳代)

■編著者紹介

宮崎　猛（みやざきたけし）
1959 年　東京都生まれ
早稲田大学大学院教育学研究科博士課程単位取得退学。
高校教員，早稲田大学非常勤講師等を経て，現在，創価大学教職大学院教授。

吉田　和義（よしだかずよし）
1957 年　東京都生まれ
日本女子大学大学院人間社会研究科博士課程後期修了　博士（教育学）。
東京都公立小学校教員を経て，現在，創価大学教育学部教授。

社会科教育の創造　新訂版
— 基礎・理論・実践 —

2009 年 2 月 5 日　初版第 1 刷発行
2019 年 3 月 28 日　新訂版第 1 刷発行

編著者	宮崎　猛
	吉田和義
発行者	伊東千尋
発行所	教育出版株式会社

〒 101-0051　東京都千代田区神田神保町 2-10
TEL　03（3238）6965　　振替 00190-1-107340

©T. Miyazaki K.Yoshida2019　　　　　　組版　さくら工芸社
Printed in Japan　　　　　　　　　　　印刷　モリモト印刷
落丁・乱丁はお取替えいたします　　　　製本　上島製本

ISBN978-4-316-80468-2　　C3037